김매순의 솜씨와 멋

김매순의 솜씨와 멋

전의 여왕이 푸드스타일리스트 딸에게 알려주는 맛의 세계

글 ┃ 김매순 · 문혜영

DAEWONSA

모두에게 큰 기쁨이 되는 귀한 책

고희를 넘긴 김매순 선생께서 평생 쌓아 온 한국 전통음식 연구결과를 책으로 엮어 펴내신다니 큰 경사이며 진심으로 축하한다.

내가 김매순 선생을 알게 된지도 어언간 스무 해가 흘렀다. 선생을 처음 만난 것은 1990년 M방송 사에서다. 우리 전통 혼인문화 특집을 방영하던 그때 선생께서 폐백음식을 소개하려고 준비해온 음 식을 펴 보이는데 그 정갈함과 기막힌 솜씨에 모두 탄성을 올렸었다.

그후 이미 고인이 되신 강인희 선생께서 이끄시던 "한국의 맛 연구회"에서 같은 회원으로 자주 만 나 함께 배우고 연구하며 절친한 친구가 되었다. 연구할 때 선생의 진지함과 열정은 남달랐다. 작은 것도 놓치지 않았고 성실히 임하는 자세에 강인희 선생께서도 칭찬을 아끼지 않았다.

연구회에서 추진하는 음식 전시회나 특별행사 때, 그리고 책 출판하는 일 등으로 회원들이 모여 일하는 곳이면 언제나 어디서나 선생께서 스스로 음식을 준비해 오셔서 여러 사람들을 즐겁게 해주 고 힘들게 일하는 분위기를 행복하게 바꿔놓는 생활태도를 보면서 선생께서는 음식을 사랑으로 만 들고 베풀 줄 아는 참 명인이구나 하는 생각을 해왔다.

한편 선생의 앞날을 가름해준 첫 출장요리 경험담은 듣는 나를 숙연케 했다. 출장 요리사 보조로 따라가서 힘겹고 어려운 일을 하다가 과로로 지치고 졸음이 쏟아졌으나 그 힘든 경험을 요리를 향 한 열정으로 승화시켜 자신의 길을 개척하는 원동력으로 삼았으니 결코 아무나 하는 일일 수가 없 다. 우리 같은 보통 사람이면 벌써 접었을 어려움을 참고 견디는 그 값진 인내가 오늘의 선생을 있게 한 것이리라.

더구나 여러 해 동안 우리나라 각 지방을 두루 다니며 강의하고 그 곳의 향토음식을 연구하고 지방 문화를 익혀온 선생의 열정에 고개가 숙여진다.

그래서 김매순 선생의 솜씨는 인내와 인고의 비싼 값을 치르지 않고는 얻을 수 없는 값진 것임을 보여준다. 감히 우리가 따를 수 없는 경지인 선생만의 기품 넘치는 전통음식 솜씨가 된 것이다.

선생께서 평생 한국 전통음식을 연구하고 닦아온 귀한 솜씨와 그 동안의 모든 경험을 빠트리지 않고 적어 우리음식을 좋아하는 모든 이들과 나누고 싶다 하신다.

전의 여왕이라고 불리는 선생의 전 요리부터 각종 상차림과 별식 그리고 제주도 토박이이신 그 집안의 특별식에 이르기까지 모든 것을 이 책에 담아내는 것이다. 이 귀한 책을 받아보는 모두에게 큰 기쁨이 되리라고 확신하며 추천의 글을 마친다.

끝으로 선생의 귀한 솜씨를 이어갈 따님 푸드스타일리스트인 문혜영 교수가 있어 다행한 일이다. 부디 한국의 아름다운 음식문화를 잘 이어주기 원하며 자신의 모든 것을 내놓는 선생께 다시 깊이 경하 드리고 싶다.

조후종趙厚鍾 (전 명지대학교 식품영양학과 교수)

머리말

꿈으로 차려지는 요리 한 상

내가 요리를 시작한 지도 어느덧 30여 년이 되었다. 그 동안 제주도 사람은 요리를 잘하지 못한다는 선입견을 넘어서야 했고, 개인적으로는 많은 남자 형제들 속에서 자라면서 여자지만 오빠들만큼 잘 할 수 있다는 모습도 보여주고 싶었다. 그러나 내가 요리를 선택한 가장 큰 이유는 어렸을 때부터 '베푸는 삶을 살라'는 부모님의 가르침에 가장 적합한 직업이 요리사가 아닐까 하는 생각에서였다. 맛있는 음식은 온 가족이 모여 즐거운 시간을 보낼 수 있는 기회를 만들고, 마음에 행복과 여유를 주기 때문이다.

이 책에는 요리에 대해 그 동안 쌓아온 나의 모든 노하우를 담고자 노력했다. 맛있는 음식을 대접하는 것을 넘어서 방법을 제공함으로써 누구나 그 동안 내가 느낀 요리에 대한 기쁨을 나눠주고 싶었기 때문이다. 그래서 요리에 관심 있는 사람이나, 요리를 막 시작한 사람, 그리고 요리를 연구하고 개발하는 모든 사람들에게 이 책이 도움이 되었으면 한다.

경험으로 우러나는 맛과 향

나의 첫 출장요리는 강원도 어느 국회의원의 회갑연이었다. 그때는 요리사가 아니라 요리사 보조로 따라갔다. 회갑연은 삼일 내내 계속 되었는데 삼일 동안 잠 한숨 못 자고 계속해서 음식을 만들었다. 밤낮으로 물을 길어 나르고, 선배들 잔심부름을 했다. 졸음과 피로가 쏟아지고, 음식 냄새를 맡고 모여 든 모기떼에 신경까지 날카로워졌다. 그때는 정말 내가 왜 이런 고생을 해야 하나 싶어 도망

가고 싶었다. 하지만 요리를 향한 나의 열정은 육체의 힘듦을 넘어섰고, 그때의 경험은 내게 지금까지 좋은 원동력이 되고 있다.

나는 남들이 꺼려하는 지방 출장을 자원해서 많이 다녔다. 그 지방만의 특색 있는 음식을 배우고, 지방색과 문화를 익히기 위해서였다. 고생스러운 일이었지만 오랫동안 전국을 돌며 현장에서 익힌 경험은 잘 맞는 양복처럼 다양한 입맛에 맞출 수 있는 나만의 노하우로 변해 있었다.

꿈으로 숙성되는 자신만의 맛

강의를 하다 보면 수강생들에게 공통적으로 듣는 말이 있다.

"선생님 요리에는 깊은 맛이 느껴져요."

이것은 오랜 경험과 실습을 통해 얻은 결과가 아닌가 싶다. 나는 지금도 강의 준비를 할 때 수백 번을 해온 요리를 또 다시 해보면서 미묘한 맛의 차이를 찾아내고 연구하며 고민한다. 요리는 시대와 문화에 따라 변하기 때문에 요리의 세계에는 끝이 존재하지 않는다. 그래서 기존의 레시피를 충분히 이해하고 숙지한 다음, 어느 부분을 더 보충해야 지금에 적합한 음식이 되는지 늘 고민해야 한다. 나는 지금은 고인이 되신 강인희 교수님과 황혜성 교수님의 "한 가지 요리를 최소한 오십 번 이상은 해봐야 합니다"라는 말씀을 마음에 늘 새기며 요리를 한다. 제아무리 요리를 잘 한다고 해도 먹는 사람이 맛있게 먹어주지 않으면 인정받지 못한다는 것을 잊지 말아야 한다.

나는 꿈이 없는 삶은 죽은 것과 같다고 생각한다. 대학생 손자가 있을 만큼 적지 않은 나이지만 난 지금도 요리에 대한 꿈을 꾼다. 매일 아침 눈 뜨면 해보고 싶은 음식들로 내 마음은 늘 설렌다.

가슴 뛰고 설레는 일을 꼭 찾아 도전하며 포기하지 않길 바란다. 세상에 공짜는 없듯이 지금 당장 손해 보는 듯 하고 어려움이 와도 끝까지 포기하지 않고 노력한다면 그 결과는 그 무엇보다도 달콤할 것이다. 또 내 요리 인생의 뼈대인 "절대 저울눈을 속이면 안 된다. 저울눈을 속이면 자손이 안 된다"는 아버지의 말씀처럼 늘 정직함으로 요리하길 바란다.

마지막으로 요리사라는 달란트를 내게 주신 하나님, 바쁜 아내 바쁜 엄마인 내게 늘 최고라고 엄지손가락을 치켜세워주는 사랑하는 가족, 내 음식을 맛있게 먹어주고 칭찬을 아끼지 않은 많은 분들께 감사의 인사를 드린다.

2010년 7월　김매순

솜씨와 멋

| 한국의 나물 전시회 |

| 제주 초청 특강 |

| 서울 폐백 음식 |

| 혼례 음식전 |

밑간의 중요성

아무리 맛있는 음식을 만들려고 하여도 밑간이 되어 있지 않으면 깊은 맛이 나지 않는다. 재료에 따라 다르지만 밑간을 함으로써 조직을 단단하게 하기도 하고 부드럽게 해주기도 한다. 또한 누린내나 특유의 냄새도 제거할 수 있다. 밑간을 한다는 것은 각 재료 하나하나에 양념이 되어 있어야 한다는 것이다.

집집마다 간장, 된장의 짠 맛이 다르고 기호가 다르기 때문에 레시피에 나오는 분량을 참고하여 기호에 맞게 간을 해주면 된다. 그리고 간을 할 때 간장이나 소금 한가지만으로 간을 하기보다는 섞어 사용하는 것이 더 맛있다.

맛을 더욱 살려주는 천연조미료

밀가루 볶기

① 밀가루는 중력분으로 준비한다.

② 두꺼운 냄비에 밀가루를 체에 내린다.

③ 중간불에서 밀가루가 따뜻해질 때까지 볶는다.

④ 밀가루가 따뜻해지면 약불로 줄여 타지 않게 잘 저어가며 고소한 냄새가 날 정도로 볶아준다.

⑤ 볶아준 밀가루를 체에 내려준다.

○ 서늘한 곳에 보관하였다가 사용하면 좋다.

멸치육수

▶ 물 6컵, 다시멸치 30g, 다시마 10g, 무 40g

① 다시멸치는 내장을 제거하고 다시마는 젖은 행주로 닦는다.

② 무는 얄팍얄팍하게 적당히 썬다.

③ 물에 무와 다시마를 넣고 끓으면 뚜껑을 열고 멸치를 얼른 헹궈 넣어준다.

④ 6~7분정도 끓인 후 불을 끄고 10분정도 둔다.

⑤ 체에 밭쳐준다.

○ 뚜껑을 열고 멸치를 넣어야 멸치의 비린내를 없애준다.

○ 국물이 맑고 멸치가 퍼지지 않아 비린내가 나지 않는다.

○ 가장 기본이 되는 맛국물로 국, 찌개, 조림, 나물무침에 사용하면 좋다.

고기육수

▶ 양지 1근, 생강편 2쪽, 통마늘 5개, 파(흰부분) 1대

① 양지는 물을 갈아가며 1~2시간 담가 핏물을 뺀 후 건진다.

② 물이 끓을 때 양지를 넣고 한소끔 끓으면 생강과 통마늘, 파를 넣는다.

③ 마늘과 파의 향이 우러나면 건져낸다.

④ 고기가 물러지면 꺼내 국물은 면보에 밭치고 고기는 편육으로 사용한다.

땅콩가루

① 볶은 땅콩은 껍질을 벗겨 분쇄기에 조금씩 넣고 곱게 간다.

② 밀폐용기에 담아 반드시 냉동보관하여 사용한다.

○ 한번에 많이 넣고 갈면 덩어리가 생긴다.

들깨가루

① 볶은 들깨는 분쇄기에서 곱게 두 번갈아 체에 내린다.

② 밀폐용기에 담아 반드시 냉동보관하여 사용한다.

향신즙

▶ 배 1개(500g), 마늘 500g, 생강 100g

① 배, 마늘, 생강은 껍질을 벗긴다.

② 강판에 갈거나 녹즙기를 사용하여 즙을 낸다.

○ 육류나 생선요리, 특히 전 양념에 좋다.

잣소금

① 잣은 고깔을 띄고 젖은 행주로 닦아준다.

② 도마에 키친타월을 깔고 칼로 곱게 다져준 후 밀폐용기에 담아 냉동보관한다.

초간장

▶ 잣소금 1작은술, 식초 1큰술, 진간장 1큰술, 설탕 1/4작은술

① 식초와 진간장에 설탕을 넣고 잘 섞어준다.

② 초장그릇에 잣소금을 넣고 준비된 초간장을 넣어준다.

○ 잣소금에 초간장을 넣어야 잣소금이 잘 뜬다.

겨자초장

▶ 겨자가루 3큰술, 미지근한 물 2큰술, 식초 3큰술, 설탕 2+1/2~3큰술, 배즙 1큰술, 진간장 1큰술, 소금 약간

① 겨자가루를 미지근한 물에 개서 뜨거운 냄비뚜껑 위에 엎어서 30분정도 발효시킨다.

② 발효시킨 겨자에 모든 재료를 넣고 혼합한다.

③ 체에 밭쳐 밀폐용기에 담아 냉장보관한다.

맛장

▶ 진간장 2컵, 물 2컵, 설탕 1+1/2컵, 물엿 1컵, 건고추 2개

① 냄비에 모든 재료를 넣고 끓으면 불을 끈다.

② 10분 후에 체에 밭쳐 냉장보관한다.

○ 조림에 사용하면 좋다.

소금물

① 간간한 소금물(물 1컵+소금 1큰술)

② 연한 소금물 (물 1컵+소금 1작은술)

맛있게 보이는 푸드 코디네이션

조명 하나로 음식 맛을 더욱 UP

요리에 있어 조명은 매우 중요한 역할을 한다. 정육점의 조명이 모두 붉은색인 이유는 무얼까? 고기는 선홍빛이 도는 것이 신선해 보인다. 따라서 고기의 색을 더욱 좋게 보여주기 위해 붉은색의 조명을 사용하는 것이다. 붉은 빛이 도는 백열전등은 소화작용과 자율신경계를 자극시킬뿐 아니라 공복감을 주어 식욕을 증대시키는 역할을 할뿐 아니라 소화를 촉진시켜준다. 반대로 푸른 빛이 도는 형광등은 소화작용도 도와주지 않고 자율신경계를 둔화시킬뿐 아니라 공복감을 저지한다.

식탁 위 조명만큼은 특별히 신경을 쓴다면 한껏 발휘한 솜씨가 더욱 돋보이게 될 것이며 조금 부족한 실력도 만회될 수 있을 것이다.

음식에 색을 입히자

❶ 보색대비를 활용하자.

보색대비란 흰색과 검정, 빨강과 녹색, 노랑과 파랑같이 대비되는 색으로 서로를 돋보이게 하여 강한 인상을 준다. 음식에 가장 많이 사용하는 것이 빨강과 녹색의 보색대비인데 주로 고명으로 많이 사용된다. 단, 고명을 사용할 때는 과하지 않게 약간만 사용하는 것이 깔끔해 보인다. 그 외의 보색대비는 그릇과 음식의 조화에 이용해보자. 흰색의 쌀밥을 검정 그릇에 담으면 더욱 강한 인상을 줄 수 있다.

❷ 초대하지 않은 손님 빨리 돌아가게 하는 법.

빨간색은 시간 경과를 2배 이상으로 과대평가하게 만든다. 따라서 불청객이 왔을 때 빨간 카펫을 깔고 빨간컵, 빨간 냅킨으로 접대하면 좋다. 반대로 파랑색계는 시간경과감각이 실제보다 짧게 느껴진다는 특징이 있다. 즉 파랑은 시간경과를 1/2이하로 과소평가하게 된다. 따라서 오래 함께 하고 싶은 사람이라면 파랑 카펫을 깔고 파랑컵, 파란 냅킨으로 접대하면 좋다.

❸ 붉은색 계열은 음식을 더 맛있어 보이게 한다.

파랑은 식욕이 저하되고 그다지 많이 먹지 않아도 포만감이 생긴다. 다이어트가 필요하다면 파란 색 접시에 음식을 담는다. 반면 빨강이나 오렌지색은 식욕증진 작용이 있기 때문에 음식을 더욱 맛있어 보이게 하는 효과가 있다.

요리에 따른 담음새 연출법

❶ 음식을 담을 때 음식과 그릇의 비율은 7:3이 적당하다.

그릇에 음식을 가득 담아내면 깔끔해 보이지 않고 부담스럽게 느껴진다.

접시에 담을 때는 음식이 그릇의 테두리를 넘지 않게 적당히 담아야 보기에 좋다. 특히

가니쉬를 테두리에 담으면 오히려 지저분해보일 수 있다.

❷ 밥은 가운데가 볼록하게 살살 펴가면서 담고 국은 국물이 그릇의 반 정도 담되 건더기가 살짝 올라오게 한다.

❸ 국물을 즐기는 물김치는 1인분씩 담아낸다.

물김치를 한 그릇으로 담아 여러 사람이 사용한 수저로 국물을 떠먹으면 위생적으로도 좋지 않을 뿐 아니라 시각적으로도 보기에 좋지 않다. 작은 그릇에 1인분씩 담아내보자. 보다 시원한 느낌을 주고 싶다면 유리볼을 이용하는 것도 좋다. 맑은 국물이 먹음직스럽게 느껴질 것이다.

❹ 채소를 이용하는 것도 좋지만 때론 집에서 키우는 잎사귀를 깨끗이 씻어 음식 밑에 깔아보자. 보다 멋스러운 느낌을 받을 수 있을 것이다.

테이블 연출법

❶ 고정관념을 깨라.

이런 음식은 이런 그릇에 담아야 한다는 고정관념을 버리자. 새로운 분위기의 연출을 위해 때론 과감해질 필요가 있다.

❷ 다양한 음료수병의 멋진 변신.

음료수병을 깨끗이 씻어 자갈이나 인조얼음을 넣고 꽃 한 송이 꽂아보자. 비싼 꽃병이 없어도 테이블을 연출하는데 손색이 없다.

❸ 식탁보가 더러워지는 것을 두려워말고 식탁 위의 유리는 과감하게 치우자.

식탁 위에 유리를 놓으면 식탁에 흠이 생기지 않고 식사 중 흘린 음식물을 닦아내기 쉬운 장점이 있지만 그릇을 놓을 때 소리가 나고 물 묻은 그릇은 미끄러지는 등 불편한 점이 있다.

식탁 위의 유리를 과감하게 치우고 식탁보를 깔아보자. 계절에 따라 식탁보를 바꿔준다면 그것만으로도 집안의 분위기를 변화시킬 수 있다. 식탁보가 더러워지는 것에 더 이상 두려워하지 말라.

❹ 젓가락 받침을 사용하자.

젓가락 받침을 사용하면 숟가락과 젓가락이 식탁에 직접 닿지 않아 정갈한 느낌을 준다. 시중에서 판매하는 것을 구입하여 사용하는 것도 좋지만 나만의 젓가락 받침을 만들어 보자. 찌개를 끓이고 남은 청, 홍고추를 사용해도 좋고 주변에 있는 나뭇가지를 식탁에 올리고 숟가락과 젓가락을 올려보자 색다른 분위기를 느낄 수 있을 것이다.

센터피스(장식품) 연출법

센터피스란 초나 꽃병과 같은 장식물로 식탁의 연출뿐만 아니라 대화의 계기를 만들어주는 중요한 역할을 한다. 높이는 마주앉은 사람의 시야를 가리지 않을 정도의 45cm이하가 적당하며 향기가 강하지 않은 것을 사용하여야 한다. 촛불은 분위기뿐만 아니라 잡냄새를 제거하는 역할을 하는데 촛불을 끌 때에는 촛농이 테이블클로스에 떨어지지 않도록 반드시 테이블 밖에서 꺼야 한다. 또한 꽃을 꽂을 때에는 테이블 길이의 1/3을 넘지 않아야 하며 꽃 대신 과일이나 야채로 장식하여도 멋스럽다.

나만의 냅킨링을 만들어보자

다 쓴 키친타월심의 놀라운 변신. 심을 4cm길이로 잘라 예쁜 리본테이프로 감싸준 후 조화를 멋스럽게 붙여보자. 간단하면서도 나만의 멋스러운 연출이 될 것이다.

알아두면 좋은 간단 냅킨 접기

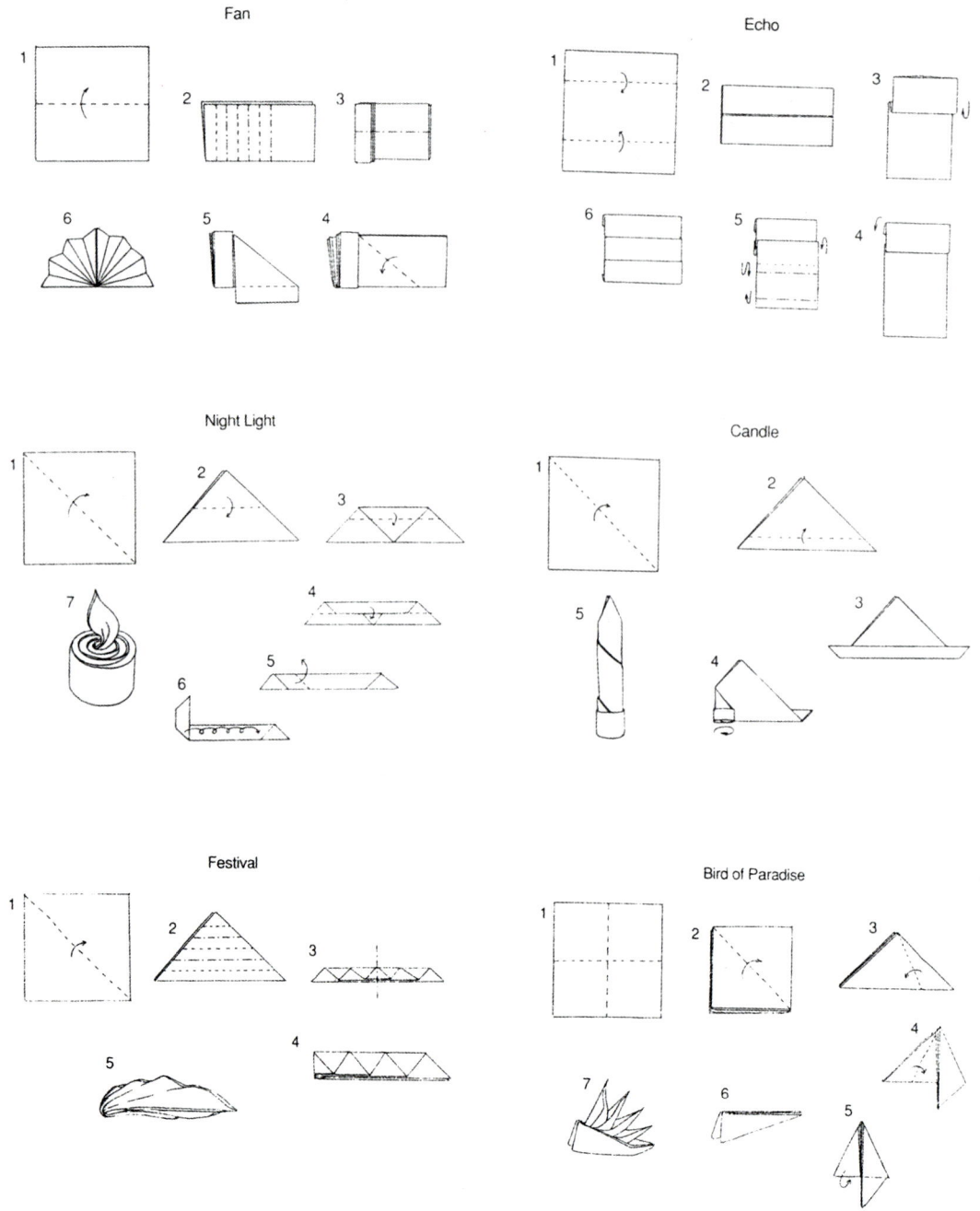

18

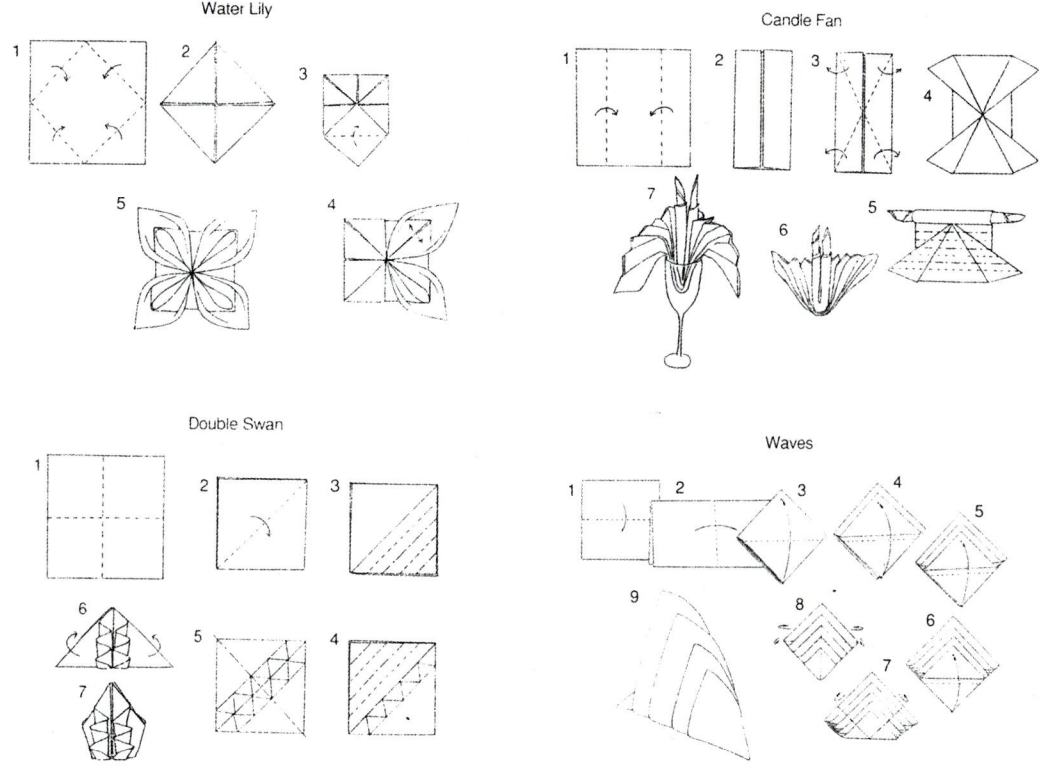

Water Lily

Candle Fan

Double Swan

Waves

테이블 클로스(식탁보) 만들기

테이블 클로스를 만들기 위해서는 우선 테이블의 사이즈를 반드시 알아야 한다. 일반적으로 4인용 테이블의 사이즈는 90×120㎝인데 여기에 테이블 밑으로 흘러내리는 길이를 더해주어야 한다. 예를 들어 사방 50㎝를 내리고 싶다면 190×220㎝로 만들어야 한다.

아이보리나 베이지 같은 연한색이나 잔잔한 무늬가 있는 것을 선택하면 가장 무난하게 사용할 수 있다. 너무 복잡한 무늬가 있거나 화려한 색은 쉽게 싫증이 날 수 있고 오히려 음식이 묻힐 수 있다.

저렴하게 천을 구입할 수 있는 곳으로는 동대문의 종합시장이 있다. 원단뿐 아니라 다양한 소품이 있어 구경할 것이 많은 곳이다.

차
례

1장 — 전의 여왕

2장 — 일반상차림

3장 — 손님 초대상

4장 — 별식

5장 — 우리집만의 특별식

전의 여왕

전은 우리나라 대표음식이면서 잔치음식의 대표라 할 수 있다. 누구나 손쉽게 할 수 있는 음식이지만 어떻게 지지느냐에 따라 또한 밑간을 어떻게 하느냐에 따라 맛의 차이가 난다. 볶은 밀가루를 사용하면 훨씬 고소하고 잘 상하지 않으며 황백란의 배합비율, 밀가루즙의 농도, 특히 밀가루즙을 낼 때 멸치육수나 고기육수를 써주면 더욱 맛이 좋다. 그리고 기름을 너무 많이 넣으면 느끼하고 예쁘게 지져지지 않는다. 전을 지질 때에는 밑면을 2/3정도 익혀준 후 뒤집어야 윗면이 예쁘게 지져지고, 밀가루를 재료에 묻힐 때에는 밑면을 듬뿍 묻히고 윗면은 밀가루를 솔솔 뿌려 탁탁 털어줘야 예쁘게 지져진다. 늦가을부터 이른 봄까지는 적당히 지져야 하지만 봄부터 초가을까지는 바싹 지져주어야 덜 상한다. 해물류, 채소류, 해초류 등 그 재료의 특성만 알면 어떠한 전이든지 만들 수 있다.

새
우
전

재료

- 새우(중하) 10마리 (밑간 : 향신즙 1큰술, 참기름 1/2큰술, 소금, 흰후춧가루 약간씩)
- 연한 소금물 적당량
- 달걀 3개
- 밀가루, 식용유 적당량

만드는법

① 새우는 머리를 떼고 꼬리부분 한 마디를 남기고 껍질을 벗긴다.

② 껍질을 벗긴 새우는 소금물에 얼른 씻어 건진다.

③ 새우의 등을 갈라 내장을 빼고 칼집을 넣어 준 후 꼬리를 살려 나비모양을 만들어 꼬지로 고정 시킨다.

④ 모양을 낸 새우에 밑간하여 밀가루, 달걀물을 입혀 지져낸다.

⑤ 꼬지를 빼고 초간장을 곁들여낸다.

 tip

- 꼬지를 꽂은 면이 두꺼워 잘 익혀주어야 한다.
- 따뜻할 때 꼬지를 빼야 모양이 흐트러지지 않는다.

패
주
전

- 패주 5마리 (밑간 : 향신즙 1+1/2큰술, 소금 1/4작은술, 참기름 1/2큰술, 흰후춧가루 약간)
- 연한 소금물 적당량
- 홍고추 1개
- 파슬리 약간
- 달걀 2개 + 황란 1개
- 밀가루, 식용유 적당량

만드는법

❶ 패주는 살이 뽀얗고 탄력 있는 싱싱한 것으로 준비하여 속껍질을 벗기고 연한 소금물에 씻어 건진다.

❷ 패주를 새워 살짝만 칼집을 넣어 3등분한 다음 반으로 포를 떠서 나비모양으로 만든 후 밑간한다.

❸ 홍고추는 씻어 링으로 얇게 썰고 파슬리는 씻어 물기를 제거한다.

❹ 양념한 패주에 밀가루, 달걀물을 입혀 팬에 지지면서 패주에 홍고추와 파슬리로 장식한다.

❺ 초간장을 곁들여낸다.

 tip --

- 포 뜬 패주는 물기를 잘 제거해주어야 지짐옷이 벗겨지지 않는다.
- 오래 지지면 질겨진다.

해
삼
전

- 불린 해삼 1근 (밑간 : 소금, 후춧가루 약간씩)
- 해삼속 : 꽃새우 100g, 흰살생선 50g, 생강즙 1작은술, 소금, 참기름, 흰후춧가루 약간씩, 청·홍고추 1개씩
- 밀가루 약간
- 달걀 2개
- 식용유 적당량

만드는 법

❶ 해삼은 굵고 고른 것으로 준비하여 깨끗이 씻어 물기를 닦고 밑간한다. 팬에 식용유를 넉넉히 두르고 해삼을 쫄깃하게 지져낸 후 기름기를 깨끗이 닦는다.

❷ 꽃새우는 껍질을 벗겨 다지고 흰살생선도 다져 생강즙, 소금, 참기름, 흰후춧가루로 양념한다. 청·홍고추를 곱게 다져 물기를 꼭 짜 넣어 해삼속을 만든다.

❸ 지져낸 해삼 안쪽에 밀가루를 솔솔 뿌려 해삼속을 꼭꼭 집어넣고 입구 부분에 밀가루를 묻혀준다.

❹ 해삼을 0.7~0.8cm두께로 썬다.

❺ 쟁반에 밀가루를 펴고 해삼을 나란히 넣고 윗면에 밀가루를 솔솔 뿌려 달걀물을 입혀 지져낸다. 초간장을 곁들여낸다.

❋ tip -----------------
- 전에 사용하는 해삼은 너무 많이 불리지 않는 게 좋다.
- 해삼을 지져낼 때 기름이 튀길 염려가 있기 때문에 주의하여야 한다.
- 해삼소에 고기를 사용하여도 좋다.

육
전

재료

- 쇠고기(우둔살) 300g
- 양념물 : 물 3컵, 간장 3큰술, 설탕 2큰술, 소금 1작은술, 후춧가루 약간
- 참기름 1큰술
- 달걀 4개
- 쑥갓 약간
- 밀가루, 식용유 적당량

만드는 법

1. 우둔살은 불고기보다 약간 두껍게 썰어 살짝 칼집을 넣어준다.
2. 핏물을 뺀 후 양념물에 1시간 정도 담갔다 채반에 건진다.
3. 채반에 키친타월을 깔고 고기를 한 장씩 편 후 참기름을 발라준다.
4. 밀가루, 달걀물을 입혀 지지면서 쑥갓으로 장식한다.

 tip
- 양념물에 담가 주었기 때문에 누린내가 나지 않고 간이 잘 배어 깊은 맛이 난다.

닭 가 슴 살 전

재 료

1) 카레가루 닭가슴살

- **닭가슴살 200g** (찹쌀기루 1큰술, 카레가루 1큰술,
  양파 30g, 느타리버섯 50g, 참기름 1작은술)
- **밀가루 2큰술**
- **달걀 1개**
- **식용유 약간**

2) 들깨가루 닭가슴살

- **닭가슴살 200g** (들깨가루 2큰술, 볶은 소금 1/2작은술,
  느타리버섯 50g, 청양고추 3개)
- **밀가루 2큰술**
- **달걀 1개**
- **식용유 약간**

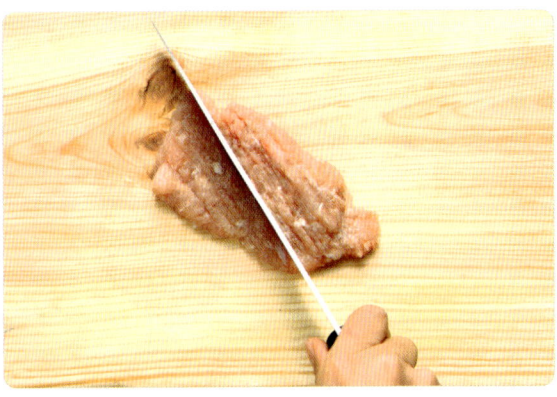

만드는법

① 닭가슴살은 다진다.

② 느타리버섯은 소금물에 절였다 곱게 다지고 청양
   고추는 씻어 배를 갈라 씨를 뺀 후 곱게 다진다.

③ 다진 닭가슴살에 모든 재료를 넣고 혼합한다.

④ 손으로 동글납작하게 만들어 밀가루, 달걀물을
   입혀 팬에 지져낸다.

✳ tip

- 들깨가루 닭가슴살도 동일한 방법으로 만든다.
- 머스터드소스나 케첩을 곁들여 먹으면 좋다.

두릅꼬지전

재료

- 두릅 200g (양념 : 소금 1/4작은술, 참기름 1큰술)
- 쇠고기(우둔살) 150g (양념 : 진간장 1+1/2큰술, 설탕 1/2큰술, 다진마늘 1작은술, 후춧가루 약간, 참기름 1/2큰술)
- 달걀 2~3개
- 밀가루, 식용유, 꼬지 적당량

만드는법

❶ 두릅은 짧고 통통한 것으로 준비하여 깨끗이 씻어 끓는 물에 소금을 약간 넣고 데쳐 재빨리 찬물에 헹궈 차게 한 후 물기를 꼭 짠다.

❷ 두릅은 두꺼우면 길게 반으로 갈라 두릅양념을 한다.

❸ 쇠고기는 두툼하게 포를 떠서 잔 칼집을 넣고 1× 7㎝정도로 썰어 양념한다.

❹ 꼬지에 두릅, 고기, 두릅 순으로 꿰어 밀가루를 듬뿍 묻혀 탁탁 털어 풀어놓은 달걀옷을 입혀 팬에 지져낸다.

❺ 식은 후 꼬지를 빼서 반으로 썰어 초간장을 곁들여낸다.

※ tip -
- 향긋한 두릅향이 입맛을 돋운다.

마늘꼬지전

재료

1) 마늘 150g
- 간간한 소금물 1컵
- 참기름 1작은술

2) 굴 150g
- 연한 소금물
- 생강즙 1작은술, 녹말가루 2큰술, 참기름 1작은술,
  후춧가루 약간

3) 꽈리고추 10개
- 간간한 소금물 1/2컵
- 참기름 1작은술

4) 꼬지 10개
- 밀가루 약간
- 달걀 1개

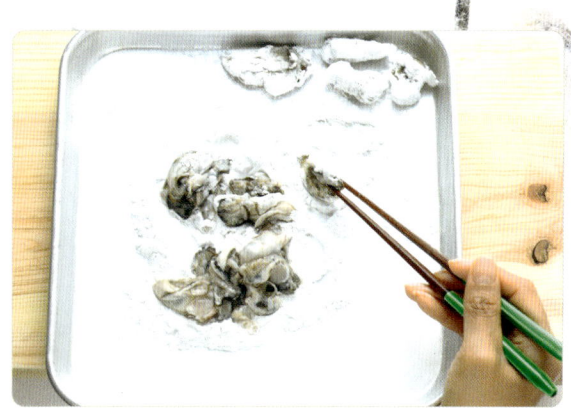

만드는 법

❶ 마늘은 간간한 소금물에 적당히 삶아낸 후 참기
름으로 양념한다.

❷ 굴은 연한 소금물에 일어 건져 생강즙을 넣고 녹
말가루를 묻혀 찜통에 보자기를 깔고 살짝 쪄낸
후 참기름과 후춧가루로 양념한다.

❸ 꽈리고추는 작은 것으로 골라 간간한 소금물에
담갔다 건져 물기를 잘 제거하고 참기름으로 양
념한다.

❹ 꼬지에 굴, 마늘, 꽈리고추 순으로 꿰어 밀가루와
달걀물을 묻혀 기름 두른 팬에서 지져낸다.

※ tip ----------------------------------
- 재료 하나하나 양념을 해주어야 맛이 겉돌지 않고 잘 어우러져
  맛있다.

부추 메밀전

재료

- 부추 150g
- 쪽파 50g
- 홍합 100g
- 오징어 1마리(200~250g)
- 홍합·오징어 밑간 : 향신즙, 소금, 후춧가루, 참기름 약간씩
- 청양고추 2개
- 청·홍고추 1개씩
- 반죽 : 밀가루 1컵, 메밀가루 1컵, 들깨가루 3큰술, 멸치육수 2컵, 달걀 2개, 식용유 적당량
- 양념장 : 간장 2큰술, 멸치육수 1큰술, 식초 1큰술, 고춧가루 1작은술, 깨소금 1작은술, 설탕 1/2작은술

만드는법

① 부추는 깨끗이 씻어 2㎝길이로 썰고 쪽파는 굵은 쪽은 반으로 갈라 부추와 같은 크기로 썬다.

② 홍합은 불순물을 제거하여 소금물에 깨끗이 씻어 잘게 썰고, 오징어는 껍질을 벗겨 씻어 가늘게 채 썰어 밑간한다.

③ 고추는 씻어 송송 썰어 씨를 털어낸다.

④ 그릇에 준비된 재료를 모두 넣고 밀가루, 메밀가루, 들깨가루를 넣고 혼합하여 멸치육수와 달걀을 넣고 반죽한다.

⑤ 팬에 식용유를 두르고 한 국자씩 떠 넣어 바삭하게 지져 먹기 좋게 잘라 양념장을 곁들여 낸다.

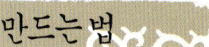 tip
- 메밀가루와 들깨가루를 넣어 건강식이며 고소하다.

새송이전

재료

- 새송이 5개
- 연한 소금물 1+1/2컵
- 참기름 1큰술
- 볶은땅콩가루 1큰술
- 흰후춧가루 약간
- 밀가루 약간
- 달걀 3개
- 식용유 적당량

만드는법

① 새송이는 0.5cm두께로 썰어 연한 소금물에 담갔다 물기를 제거한다. 참기름과 볶은땅콩가루, 흰후춧가루를 혼합하여 새송이에 발라준다.

② 쟁반에 밀가루를 펴고 양념한 새송이를 가지런히 넣고 다시 새송이 위에 밀가루를 솔솔 뿌린다.

③ 밀가루를 묻힌 새송이는 달걀물을 입혀 식용유를 두른 팬에 지져낸다.

④ 초간장을 곁들여낸다.

수삼삼색전

재료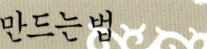

- 꽃새우 15마리 (밑간 : 생강즙 1/2큰술, 참기름, 소금,
  후춧가루 약간씩)
- 수삼 3년근 4뿌리 (밑간 : 참기름, 소금, 흰후춧가루 약간씩)
- 마늘쫑 5~6대 (밑간 : 참기름, 소금, 후춧가루, 설탕 약간씩)
- 꼬지 15개
- 달걀 2개
- 밀가루 적당량
- 식용유 적당량

만드는법

1. 꽃새우는 소금물에 씻어 등의 내장을 빼고 꼬지
   에 꿴다. 쪄서 껍질을 벗겨 밑간한다.

2. 수삼은 껍질을 벗겨 5~6cm길이, 1.5cm넓이로 도
   톰하게 썬다. 끓는 물에 살짝 데쳐 밑간한다.

3. 마늘쫑은 수삼과 같은 길이로 썰어 소금물에 데
   쳐 얼른 냉수에 헹궈 새파랗게 한 후 물기를 제거
   하고 밑간한다.

4. 꼬지에 수삼, 마늘쫑, 꽃새우, 마늘쫑, 수삼 순으
   로 꿰어 밀가루, 달걀물을 입혀 지져낸 후 꼬지를
   뺀다.

 tip -
- 마늘쫑은 간간한 소금물에 담갔다 데쳐야 새파랗다.
- 서로 연결이 잘 되게 밀가루, 달걀물을 잘 입혀야 한다.
- 한김 나간 후 꼬지를 뺀다.
- 초간장을 곁들여낸다.

오징어전

재료

- 오징어나 한치 3마리
- 레몬 1/2개
- 밑간 : 생강즙 1작은술, 참기름 1/2큰술, 흰후춧가루 1/3작은술, 소금 1/3작은술
- 쇠고기 200g (양념 : 으깬 두부 3큰술, 다진마늘 1큰술, 다진파 2큰술, 깨소금 1큰술, 간장 1/2큰술, 소금 2/3작은술, 설탕 1큰술, 참기름 1/2큰술)
- 밀가루 적당량
- 달걀 3개
- 식용유 적당량

만드는법

❶ 오징어는 껍질을 벗겨 안쪽에 사선으로 칼집을 넣어 끓는 물에 레몬을 넣고 데쳐낸다.

❷ 데쳐낸 오징어는 물기를 닦고 밑간을 하여 안쪽에 밀가루를 뿌려준다.

❸ 쇠고기는 양념하여 잘 치대어 갸름하게 만들어 오징어 속에 꼭꼭 채워준다.

❹ 속을 넣은 오징어는 0.5㎝ 두께로 썰어 밀가루를 앞뒤로 묻혀준다.

❺ 달걀물을 입혀 따끈한 팬에 서서히 지져낸다.

❻ 초간장을 곁들여낸다.

 tip -------------------------------

- 오징어는 작은 것을 사용하는 것이 모양이 예쁘다.
- 오래 데치면 질겨진다.

육원전

재 료

- 다진쇠고기(우둔살) 300g
- 양파 100g
- 소금 약간
- 다진마늘 1큰술
- 참기름 1작은술
- 두부 100g
- 포도주 1큰술
- 양념 : 간장 1/2큰술, 소금 1/2큰술, 깨소금 1큰술, 참기름 1/2큰술, 설탕 1큰술, 땅콩가루 1큰술, 잣소금 1/2큰술
- 달걀 2개
- 밀가루, 식용유 적당량

만드는법

① 다진고기는 또 한 번 곱게 다진다.

② 양파는 씻어 곱게 다져 소금으로 살짝 간한 후 꼭 짜서 다진마늘과 같이 참기름을 약간 두른 팬에 잘 볶는다.

③ 두부는 체에 내려 물기를 짠다.

④ 다진고기에 포도주를 넣고 볶은 양파, 마늘과 두부를 넣고 양념을 하여 잘 치댄다.

⑤ 직경이 5㎝정도 동글납작하게 빚어 밀가루, 달걀물을 입혀 지져낸다.

 tip
- 땅콩가루와 잣소금을 넣으면 훨씬 고소하고 부드럽다.
- 고기는 아주 곱게 다져주어야 하며 양파를 볶을 때 식용유를 쓰면 단백한 맛이 없다.

육
꼬
지
전

재료

- 쇠고기(우둔살) 50g (양념 : 간장 1/2큰술, 소금 약간, 후춧
  가루 약간, 참기름 1/2큰술, 설탕 1작은술)
- 우엉 70g(식초 한방울)
- 당근 50g
- 삶은 고사리 20g
- 삶은 도라지 40g
- 쪽파 40g
- 소금 1/2작은술
- 참기름 1큰술
- 밀가루 적당량
- 달걀 3개
- 식용유 적당량

만드는 법

❶ 쇠고기는 살코기로 준비하여 도톰하게 포를 떠서
  8cm길이로 썰어 고기를 양념한다.

❷ 우엉은 껍질을 벗겨 1×7cm크기, 0.4cm두께로 썰
  어 끓는 물에 식초 한 방울을 넣고 삶아 건진다.

❸ 당근은 우엉과 같은 크기로 썰어 소금물에 데치
  고 고사리, 도라지도 끓는 물에 얼른 데쳐 건진다.

❹ 쪽파는 깨끗이 씻어 우엉과 같은 크기로 썬다.

❺ 우엉, 당근, 고사리, 도라지는 소금, 참기름으로
  각각 밑간한다.

❻ 꼬지에 색을 맞추어 가지런히 꿰여 밀가루, 달걀
  물을 입혀 지져낸다.

tip

- 시중에 판매되는 삶은 고사리나 도라지는 소금물에 데쳐서 사용
  하는 것이 위생상 좋다.
- 지짐 느름적 비슷하며 경상남도 지방에서 즐겨 먹는 음식이다.

표고버섯전

재료

- **말린 표고 10개** (양념 : 참기름, 후춧가루 약간씩)
- **양념물** : 물 1/2컵, 간장 1/2큰술, 설탕 1작은술, 소금 약간
- **표고소** : 두부 8g, 다진 쇠고기 20g, 다진마늘 1/2작은술, 설탕 1/2작은술, 깨소금 약간, 참기름 약간, 진간장 약간, 소금 약간
- **달걀 2개**
- **밀가루, 식용유 적당량**

만드는 법

❶ 말린 표고는 물에 담가 불린다.

❷ 불린 표고는 기둥을 떼고 모양을 내서 양념물에 1시간 정도 담근 다음 물을 짜준다.

❸ 두부는 으깬 후 꼭 짜서 물기를 제거하고 나머지 표고소 재료를 모두 혼합하여 동그랗게 빚어 밀가루에 굴려준다.

❹ 표고에 양념하여 준비된 표고소를 넣고 밀가루, 달걀물을 입혀 지진다.

❺ 초간장을 곁들여낸다.

 tip --

- 표고를 양념물에 담가주었기 때문에 양념이 겉돌지 않아 깊은 맛이 있다.
- 표고 밑부분에만 밀가루, 달걀물을 입혀 지져야 모양이 예쁘다.

감자전·연근전

✳ 감자전

재료

- 감자 500g
- 양파 150g
- 소금 2/3작은술
- 애호박 150g
- 새송이버섯 100g
- 소금 약간
- 참기름 1/2큰술
- 밀가루 2큰술
- 식용유 적당량

만드는법

① 감자는 씻어 껍질을 벗겨 강판에 갈아 물기를 약간만 빼준다.

② 양파는 껍질을 벗겨 씻어 강판에 갈아 감자와 섞어 소금으로 간을 한다.

③ 애호박과 새송이버섯은 고운채 썰어 소금에 절여 꼭짜서 참기름으로 양념한다.

④ 갈아놓은 감자, 양파에 밀가루를 넣어 잘 혼합한다.

⑤ 팬에 기름을 두르고 반죽을 한 수저씩 떠 놓고 양념한 애호박과 새송이를 위에 얹어 지져낸다.

✳ tip ------------------------------------

- 양파를 넣어주면 감자의 갈변을 막아준다.

✳ 연근전

재료

- 연근 1개(300g)
- 식초 1~2방울
- 참기름 1/2큰술
- 소금 약간
- 밀가루 2큰술
- 식용유 적당량
- 밀가루즙 : 멸치육수 1/2컵, 밀가루 1/2컵, 달걀흰자 1개, 흰후춧가루 약간, 소금 약간, 간장 1/2큰술, 참기름 2/3큰술

만드는법

① 연근은 깨끗이 씻어 껍질을 벗기고 0.5㎝ 두께로 썬다.

② 연근은 끓는 물에 식초를 넣고 아삭하게 삶아 건져 물기를 제거한다.

③ 물기를 제거한 연근은 참기름, 소금으로 양념을 하고 밀가루를 묻힌다.

④ 밀가루즙의 재료를 혼합하여 밀가루즙을 만든다.

⑤ 준비된 연근을 밀가루즙에 무쳐준 후 기름 두른 팬에 지져낸다.

✳ tip ------------------------------------

- 연근전은 다른 전에 비해 기름을 넉넉히 넣고 지진다.
- 백년초가루나 홍피망으로 색을 내면 예쁘다.

옥수수전·참치전

❋ 옥수수전

재 료

- 통조림 옥수수 200g
- 애호박 70g
- 밀가루 1+1/2큰술
- 달걀 1개
- 소금 약간
- 후춧가루 약간
- 식용유 약간

만드는법

❶ 통조림 옥수수는 체에 밭쳐 물기를 뺀 후 적당히 다져준다.

❷ 애호박은 옥수수 알만큼 썰어 소금에 절여 꼭 짠다.

❸ 다진 옥수수와 호박, 밀가루, 달걀, 소금, 후춧가루를 넣고 잘 혼합한다.

❹ 따끈한 팬에 식용유를 두르고 혼합한 반죽을 한 수저씩 떠 넣어 둥글게 지져낸다.

❋ tip -
- 색이 아름답고 옥수수의 톡톡 씹히는 맛이 별미이다.

❋ 참치전

재 료

- 통조림 참치살 100g
- 두부 50g
- 청양고추 2~3개
- 홍고추 1개
- 양파 1/2개
- 새송이 2개
- 밀가루 1큰술
- 후춧가루 약간
- 소금 약간
- 달걀 2개
- 식용유 적당량

만드는법

❶ 통조림 참치살은 체에 밭쳐 기름을 제거하고 적당히 다져준다.

❷ 두부는 체에 내려준 후 물기를 꼭 짠다.

❸ 청양고추, 홍고추는 씻어 씨를 제거하고 곱게 다진다.

❹ 새송이와 양파는 곱게 다져 소금에 절여 꼭 짠다.

❺ 준비된 재료를 혼합하여 밀가루와 후춧가루, 소금, 달걀을 넣고 혼합한다.

❻ 따끈한 팬에 식용유를 두르고 혼합한 반죽을 한 수저씩 떠 넣어 둥글게 지져낸다.

❋ tip -
- 누구나 쉽게 만들 수 있으며 질감이 아주 부드럽고 거부감이 없어 모두가 좋아하는 음식이다.

파
래
전
·
톳
전

✳ 파래전

재료

- 파래(물기 짠것) 200g (밑간 : 참기름 1큰술, 소금 2/3작은술, 후춧가루 약간)
- 반죽 : 쪽파 40g, 청고추 4개, 홍고추 2개, 달걀 3개, 밀가루 2/3컵, 멸치육수 1/2컵
- 굴 반근 (연한 소금물 : 물 1컵+소금 1작은술)   • 생강즙, 참기름, 후춧가루 약간씩   • 식용유 적당량

만드는법

❶ 파래는 깨끗이 씻어 물기를 꼭 짜준 후 숭숭 썰어 밑간을 한다.

❷ 쪽파는 다듬어 씻어 1㎝정도로 썰고 청·홍고추는 반으로 갈라 씨를 빼고 가로로 썬다.

❸ 밑간한 파래에 반죽 재료를 넣어 혼합하여 반죽을 만든다.

❹ 굴은 연한 소금물에 씻어 건져 생강즙을 넣고 데쳐낸 후 참기름, 후춧가루로 양념한다.

❺ 따끈한 팬에 반죽한 것을 한 수저씩 떠 넣고 양념해 둔 굴 1~2개를 얹어 지져낸다.

✳ tip --------------------------------
- 굴은 여름에는 독성이 있어 가을에서 초봄까지가 제철이다.
- 양념장을 곁들여낸다.

✳ 톳전

재료

- 불린 톳 250g (밑간 : 참기름 1/2큰술, 소금 1/2작은술, 후춧가루 약간)
- 오징어 1마리 (밑간 : 참기름, 생강즙, 소금, 후춧가루 약간씩)
- 양파 60g   • 부추 50g   • 청양고추 2개   • 홍고추 2개   • 달걀 2개   • 밀가루 2/3컵
- 멸치육수 2/3컵   • 식용유 적당량
- 양념장 : 맛장 2큰술, 진간장 1큰술, 고춧가루 1/2작은술, 깨소금 1작은술, 다진마늘 1/2작은술, 식초 1/2작은술

만드는법

❶ 톳을 깨끗이 손질한 후 1.5~2㎝ 길이로 잘잘하게 썰어 밑간한다.

❷ 오징어는 씻어 4등분하여 곱게 채 썰어 밑간한다.

❸ 양파와 부추는 1.5㎝ 크기로 채 썰고 청양고추, 홍고추는 씨를 빼서 굵게 다진다.

❹ 준비된 모든 재료를 혼합하여 달걀과 밀가루를 넣고 멸치육수로 반죽한다.

❺ 팬에 반죽을 한 수저씩 넣어 노릇노릇 지져낸다.

❻ 양념장을 곁들여낸다.

 tip --------------------------------
- 철분과 칼슘이 풍부한 제주도 톳이 부드러워 씹는 질감이 좋다.

2장

일반상차림

우리음식은 조리법이 다양할 뿐 아니라 사계절이 있어 제철에 나는 재료로 음식을 만드는 것이 제일 맛

있다. 예를 들면 여름에는 민어가 맛있고 겨울에는 대구가 맛있듯이 서울에서는 민어탕을 먹어야 여름

을 난다고 한다. 봄에는 상큼한 요리, 여름에는 땀을 많이 흘려 기운이 없어 보양식을 많이 먹는다.

채소는 소금물에 데치거나 절였다 볶아주면 오랫동안 선명한 색을 유지할 수 있다.

꽈리고추찜·더덕생채

✳ 꽈리고추찜

- 꽈리고추 300g (밑간 : 들기름 1/2큰술, 꽃소금 1/3작은술)
- 밀가루 3큰술
- 양념장 : 진간장 1+1/2큰술, 청주 약간, 설탕 1작은술, 깨소금 1큰술, 고춧가루 1작은술, 다진마늘 1/2작은술, 다진파 1큰술, 참기름 1작은술, 식초 1작은술

만드는법

❶ 꽈리고추는 꼭지를 따고 깨끗이 씻어준 후 꼬지로 3~4곳에 구멍을 내고 밑간을 하여 20~30분 정도 재운다.

❷ 찜통에 면보를 깔고 밑간한 꽈리고추에 밀가루를 묻혀 5~6분 찐 다음 꺼낸다.

❸ 양념장을 만들어 찐 꽈리고추에 넣고 젓가락으로 골고루 섞어 양념이 어우러지게 무쳐준다.

✳ tip
- 어른들 특히 노인분들이 좋아한다.
- 먹을 만큼씩 그때 그때 해 먹는 것이 훨씬 맛을 살린다.

✳ 더덕생채

재 료

- 더덕 200g
- 고운고춧가루 1/2큰술
- 참기름 1/2큰술
- 통깨 1/2큰술
- 양념장 : 고추장 1큰술, 청장 1/4작은술, 설탕 1큰술, 다진파 1/2큰술, 다진마늘 1/3큰술, 식초 2/3~1큰술

만드는법

❶ 더덕은 뿌리가 곧은 것으로 준비하여 씻어 돌려가며 칼로 껍질을 벗긴다.

❷ 밀대로 밀거나 방망이로 살살 두들겨 부드러워지면 손으로 가늘게 찢는다.

❸ 양념장을 만든다.

❹ 고운고춧가루로 더덕을 조물조물 물들인 후 양념장에 고루 무쳐 참기름, 통깨를 넣고 마무리 한다.

✳ tip
- 더덕향이 입안 가득 퍼지는 맛이 행복하다.

가지약지 · 호박문주

❋ 가지약지

재료

- 가지 5개
- 소금 약간
- 멸치육수 1~1+1/2컵
- 양념장 : 다진마늘 1/2큰술, 다진파 1큰술, 진간장 1+1/2큰술, 물엿 1큰술, 멸치육수 1큰술, 고춧가루 1/2큰술, 깨소금 1큰술, 참기름 1/2큰술

만드는법

① 가지는 깨끗이 씻어 4~5cm길이로 토막 낸 후 굵은 채로 썰어 끓는 물에 소금을 약간 넣고 살짝 데친다.

② 데친 가지는 건져 채반에 말린다.   ③ 말린 가지는 멸치육수에 넣고 불려 꼭 짜준다.

④ 양념장을 혼합하여 가지에 넣고 조물조물 무쳐준다.

❋ tip
- 밑반찬, 도시락 찬으로 매우 좋다.   • 제철에 말렸다가 비철에 가지를 먹을 수 있으며 또 불려 볶아 먹으면 좋다.

❋ 호박문주

재료

- 애호박 1개(300g)
- 소금물 (물 1컵+소금 1큰술)
- 양념장 : 다진쪽파 1+1/2큰술, 다진마늘 1작은술, 진간장 1/2큰술, 국간장 1/2~1큰술, 설탕 1작은술, 고춧가루 1/2작은술, 깨소금 1큰술, 참기름 1/2큰술

만드는법

① 애호박은 색이 선명하고 곧은 것으로 골라 깨끗이 씻어 양끝을 잘라 내고 길게 반으로 자른다.

② 소금물에 30분 정도 담가둔다.

③ 양념장의 재료를 모두 혼합하여 양념장을 만든다.

④ 찜솥에 물을 넣고 끓으면 호박을 넣고 뚜껑을 덮어 4~5분 정도 쪄준다.

⑤ 찐 호박을 반달모양으로 썰어 접시에 가지런히 담고 양념장을 끼얹어낸다.

❋ tip
- 호박을 소금물에 담가주었기 때문에 호박의 색이 선명하여 예쁠 뿐만 아니라 간이 속까지 스며들어 맛있고 매우 담백하다.

고사리나물·돌미나리나물

✳ 고사리나물

재료

- 삶은 고사리 400g
- 식용유 1큰술
- 다진마늘 1큰술
- 멸치육수 1컵
- 설탕 1작은술
- 진간장 1작은술
- 국간장 1큰술
- 다진파 2큰술
- 참기름 1큰술
- 깨소금 1큰술

만드는법

1. 고사리는 줄기가 세지 않은 연한 것으로 준비하여 깨끗이 씻어 끓는 물에 또 한번 얼른 데쳐 찬물에 헹궈 물기를 받쳐 놓는다.
2. 손질한 고사리는 물기를 짜준 후 긴 것은 반으로 자른다.
3. 두꺼운 팬에 식용유를 두르고 고사리와 다진마늘을 넣고 볶으면서 육수를 중간 중간 넣어준다. 중불에서 볶다가 설탕, 진간장, 국간장을 넣고 충분히 볶아준다.
4. 다진파, 참기름, 깨소금을 넣고 마무리한다.

 tip
- 고기를 채로 썰어 같이 볶아도 좋다.
- 햇고사리를 삶아 돼지고기와 같이 졸여도 맛있다.

✳ 돌미나리나물

재료

- 돌미나리 150g
- 소금 1작은술
- 참기름 1/2큰술
- 통깨 1작은술
- 양념장 : 고추장 1/2큰술, 고운고춧가루 1/2작은술, 국간장 1/2큰술, 다진파 1큰술, 다진마늘 1작은술, 깨소금 1큰술, 설탕 1/2큰술, 식초 1/2큰술

만드는법

1. 돌미나리는 연하고 통통한 것으로 준비하여 깨끗이 다듬어 씻는다.
2. 끓는 물에 소금을 넣고 살짝 데친 후 냉수에 헹구어 물기를 짜서 먹기 좋게 썬다.
3. 양념장을 만들어 미나리에 넣고 양념이 골고루 배도록 조물조물 무쳐 버무린 후 참기름, 통깨를 넣고 마무리한다.

✳ tip
- 미나리를 씻은 후 물에 식초나 10원짜리 동전을 넣고 담가 두면 거머리를 쉽게 제거할 수 있다.
- 향긋한 미나리향과 새콤달콤한 맛이 입맛을 돋구어 준다.

숙주나물·시금치나물

숙주나물

재료

- 숙주 300g
- 쪽파 3대
- 홍고추 1개
- 올리브오일 1/2 큰술
- 다진마늘 1/2큰술
- 소금 1작은술
- 참기름 1작은술
- 흰후춧가루 약간

만드는법

❶ 숙주나물은 싱싱한 것으로 준비하여 깨끗이 씻어 채반에 건져 물기를 뺀다.

❷ 쪽파는 씻어 건져 3㎝정도로 썰고 홍고추는 씨를 빼고 고운 채로 썬다.

❸ 따끈한 팬에 올리브 오일을 두르고 숙주, 다진마늘을 넣어 젓가락으로 얼른 2~3번 뒤적여 소금 간을 한다.
쪽파, 홍고추채를 넣고 재빨리 뒤적여 준 다음 참기름, 흰후춧가루로 양념한다.

tip -------------------------------------
- 숙주는 데쳐서 양념하여 먹기도 하지만 볶아 먹는 게 더 아삭하고 신선한 맛이 있어 좋다.
- 주의 : 식용유를 많이 쓰지 말고 오래 볶지 않는다.

시금치나물

재료

- 시금치 1단(350g)
- 소금 약간
- 멸치육수 2/3컵
- 볶은 땅콩가루 1큰술
- 깨소금 1/2큰술
- 참기름 1/2큰술
- 홍고추채 1개분
- 양념 : 다진파 1큰술, 다진마늘 1작은술, 집간장 1/2작은술, 맛간장 1작은술~1/2큰술, 소금 약간

만드는법

❶ 시금치는 짧고 통통한 것으로 준비하여 깨끗이 씻는다.

❷ 손질한 시금치는 끓는 물에 소금을 약간 넣고 뚜껑을 열고 데쳐 찬물에 헹군 후 물기를 꼭 짠다.

❸ 멸치육수를 넣고 골고루 육수가 스며들게 버무린 후 살며시 짜준다.

❹ 시금치에 양념을 넣고 골고루 버무린다.

❺ 버무린 시금치에 땅콩가루, 깨소금, 참기름, 홍고추채를 넣고 골고루 무친다.

tip -------------------------------------
- 나물은 물기가 촉촉해야 맛있으며 땅콩가루를 넣어 고소하다.
- 시금치와 데친 풋마늘을 같이 무쳐도 좋다.
- 봄에는 초고추장에 무치는 것이 상큼한 맛을 내어 좋다.

취
나
물
·
멸
치
볶
음

❀ 취나물

재 료

- 삶은 취나물 300g
- 양념 : 멸치육수 1/2컵, 국간장 1/2큰술, 진간장 1큰술, 들기름 1큰술, 식용유 1/2큰술, 다진마늘 1큰술, 다진파 2큰술, 설탕 1/2작은술
- 들깨가루 1큰술   • 참기름 1/2큰술   • 깨소금 1큰술

만드는법

❶ 삶은 취나물은 불순물을 골라 깨끗이 씻어 물을 꼭 짠다.

❷ 양념재료를 혼합하여 취나물에 넣고 조물조물 버무린다.

❸ 팬에서 골고루 저으면서 볶다가 들깨가루, 참기름, 깨소금을 넣고 마무리한다.

❀ tip ---
- 취나물은 오래 볶으면 질겨진다.
- 생취나물을 데쳐 된장양념으로 무쳐도 좋다.

❀ 멸치볶음

재 료

- 볶음멸치(中) 100g
- 식용유 2큰술
- 설탕 1/2큰술
- 마늘 5알
- 청주 1큰술
- 꿀 또는 물엿 1큰술
- 꽈리고추 20개
- 고운고춧가루 1작은술
- 통깨 1/2큰술
- 소금 약간
- 간장 1작은술
- 참기름 1/2큰술

만드는법

❶ 멸치는 윤기나는 좋은 것으로 준비하여 불순물을 골라내고 젖은 행주로 닦아낸다.

❷ 마늘은 3~4쪽 편으로 썰고 꽈리고추는 작은 것으로 준비하여 씻어 꼭지를 따고 소금에 살짝 절인다.

❸ 팬에 식용유 1큰술을 넣고 마늘편을 볶아 건져낸 후 청주와 멸치를 넣고 볶으면서 고춧가루, 간장, 설탕을 순서대로 넣어 뒤적여준 후 건져낸다.

❹ 멸치 볶은 팬에 꽈리고추를 볶다가 볶아놓은 멸치와 마늘, 꿀을 넣고 뒤적여 통깨와 참기름을 넣어 마무리한다.

❀ tip ---
- 땅콩, 호두와 같은 견과류를 함께 넣고 볶아주어도 좋다.
- 멸치를 씻어 채반에 받쳐 바싹 말려두었다 볶으면 위생적이다.

고주소 · 홍합초

❈ 고추소

재료

- 풋고추 200g(20개) • 소금 약간 • 다진쇠고기 100g • 녹말가루 적당량
- 고기양념 : 설탕 1큰술, 간장 1큰술, 소금 약간, 다진양파 2큰술, 다진마늘 1작은술, 다진파 1큰술, 깨소금 1큰술, 포도주 1작은술, 참기름 1/2큰술, 후추 약간
- 소스 : 진간장 1+1/2큰술, 맛장 1+1/2큰술, 식초 1큰술, 잣소금 1작은술

만드는 법

❶ 풋고추는 싱싱하고 곧은 것으로 준비하여 씻어 꼭지 1㎝정도만 남기고 자른다.

❷ 끓는 물에 소금을 넣고 살짝 데쳐 냉수에 담갔다 건져 새파랗게 한 후 고추의 양끝을 1㎝정도 남기고 배를 가른다.

❸ 고기를 양념하여 볶는다. ❹ 고추속에 녹말가루를 발라 볶은 고기를 넣고 위에 녹말가루를 살짝 뿌려준다.

❺ 찜통에 물이 끓을 때 고추를 넣고 1분 정도 쪄서 꺼낸다.

❻ 소스를 끼얹어낸다.

 tip -
- 상큼한 맛과 담백한 맛이 어우러져 맛이 좋다.

❈ 홍합초

재료

- 깐 홍합 400g(1근) • 연한 소금물 : 물 1컵+소금 1작은술 • 레몬 1/2개
- 마늘 4개(30g) • 생강 5g • 청고추 2개 • 멸치육수 6큰술
- 진간장 5큰술 • 설탕 1큰술 • 포도주 1/2큰술 • 녹말가루 1작은술
- 꿀 1큰술 • 참기름 1/2큰술 • 잣소금 1/2큰술

만드는 법

❶ 홍합은 불순물을 제거하여 연한 소금물에 깨끗이 씻어 건진다.

❷ 끓는 물에 레몬을 넣고 홍합을 데쳐 채반에 건진다.

❸ 마늘, 생강을 편으로 썰고 청고추는 1㎝정도로 썰어 씨를 뺀다.

❹ 두꺼운 팬에 멸치육수와 진간장, 설탕, 포도주를 넣어 보글보글 끓기 시작하면 마늘, 생강, 데친 홍합을 넣는다. 끓으면 청고추를 넣고 뒤적이며 국물을 끼얹어가며 조린다.

❺ 거의 졸았을 때 녹말가루를 넣고 꿀, 참기름을 넣어 마무리한다. ❻ 그릇에 담고 잣소금을 얹어낸다.

❈ tip -
- 홍합은 상하기가 쉬워 아주 싱싱한 것으로 준비하여야 한다.
- 고기와 같이 조리하여도 좋다. • 홍합은 홍합전이나 홍합 미역국을 끓이면 아주 맛있다.

콩나물무침·가지무침

✤ 콩나물무침

재료

- 콩나물 200g
- 멸치육수 3큰술
- 올리브오일 1큰술
- 소금 1/3작은술
- 양념 : 다진마늘 1작은술, 다진파 1큰술, 깨소금 1큰술, 참기름 1/2큰술, 홍고추채 1개분

만드는법

❶ 콩나물은 짧고 통통한 것으로 준비하여 깨끗이 씻어 채반에 건진다.

❷ 냄비에 멸치육수와 콩나물, 올리브오일, 소금을 넣고 뚜껑을 덮어 한소끔 끓인다.

❸ 뚜껑을 열고 뒤적여준 후 살짝 더 삶는다.

❹ 뜨거울 때 양념을 넣고 맛이 어우러지게 뒤적여준다.

✤ tip
- 멸치육수와 올리브 오일을 콩나물에 함께 넣어 삶아주면 훨씬 고소하고 부드러울 뿐 아니라 영양면에서도 우수하다.
- 고춧가루를 넣어 얼큰하게 할 수도 있다.

✤ 가지무침

재료

- 가지 300g
- 양념장 : 멸치육수 1큰술, 국간장 1큰술, 진간장 1작은술, 설탕 1/2작은술, 다진마늘 1작은술, 다진파 1큰술, 식초 1/2작은술, 참기름 1작은술, 깨소금 1큰술, 고춧가루 1/2작은술

만드는법

❶ 가지는 가늘고 곧은 것으로 준비하여 깨끗이 씻어 4~5토막으로 자른다.

❷ 토막 낸 가지는 찜통에서 5~6분 찐 후 꺼내어 먹기 좋은 크기로 찢어 지그시 눌러 물기를 짜준다.

❸ 양념장을 만들어 가지에 조물조물 무친다.

✤ tip
- 어머니가 해주던 맛을 재현했다.
- 오래 찌면 너무 물러져 맛이 덜하기 때문에 찌는 시간에 주의해야 한다.

약고추장볶음·풋고추장아찌

❋ 약고추장볶음

재료

- 다진쇠고기 100g (양념 : 진간장 1/2큰술, 다진마늘 1작은술, 설탕 1작은술, 후춧가루, 참기름 약간씩)
- 식용유 약간
- 고추장 1컵
- 배즙 4큰술
- 설탕 2큰술
- 꿀 1큰술
- 생강즙 1/2작은술
- 참기름 1/2큰술
- 통깨 1작은술

만드는법

❶ 다진쇠고기는 양념하여 볶은 후 다시 다져준다.

❷ 두꺼운 냄비에 식용유를 바르고 고추장을 넣고 배즙 1큰술, 설탕을 넣고 조금 볶다가 볶은 쇠고기를 넣고 나머지 배즙을 조금씩 넣으면서 약한 불에서 잘 볶아준다.

❸ 농도에 따라 배즙을 조절하며 거의 볶아졌을 때 꿀을 넣고 저으면서 생강즙을 넣고 참기름과 통깨 넣는다.

❋ tip
- 은근한 불에서 서서히 오래 볶아주어야 제맛이 나며 잘 상하지 않는다.
- 밑반찬으로 준비해두면 반찬이 마땅치 않을 때 김과 같이 비벼먹으면 한 끼 식사로 매우 좋다.
- 야외나들이 반찬으로 아주 좋다.

❋ 풋고추장아찌

재료

- 풋고추 반근
- 물 1컵
- 간장 1컵
- 소주 1컵
- 설탕 1/2컵
- 식초 5큰술

만드는법

❶ 풋고추는 싱싱하고 곧은 것으로 골라 깨끗이 씻어 꼭지를 사선으로 자른다.

❷ 바늘로 풋고추 윗부분을 4번 찔러주고 중간부분도 4번 찔러준다. 아랫부분은 위를 향하여 2번 찔러 구멍을 낸다. 합 10번을 바늘로 찔러 구멍을 내는데 맞구멍을 내면 안 된다.

❸ 통에 구멍 낸 풋고추를 차곡차곡 담고 돌로 누른다.

❹ 물은 끓여 차게 식힌다.

❺ 식힌 물에 나머지 재료를 넣고 잘 섞어 국자로 풋고추 위에 골고루 부어준 후 돌이나 접시로 눌러준다.

❻ 4~5일 후 국물을 다시 한 번 끓여 풋고추에 부어 1개월 정도 후에 먹는다.

❋ tip
- 풋고추장아찌를 냉장 보관하지 않을 경우에는 간장을 끓여 붓기를 2~3회 반복하여 주면 맛이 변하지 않는다.

갈치조림 · 애호박조림

갈치조림

재 료

- 갈치 1마리(360g)　　　• 무 200g　　　• 꽈리고추 15개　　　• 대파 50g
- 조림장 : 멸치육수 2컵, 마늘편 1큰술, 생강편 1작은술, 고춧가루 1+1/2큰술, 고추장 1작은술, 진간장 2큰술, 액젓 2큰술, 설탕 1/2작은술

만드는법

❶ 갈치는 은회색 윤기가 나는 싱싱한 것으로 준비하여 머리, 꼬리, 지느러미를 제거하고 7~8cm길이로 토막 낸다.

❷ 무는 씻어 4등분하여 0.5cm두께로 썬다.

❸ 꽈리고추는 꼭지를 제거하여 깨끗이 씻고 대파는 어슷 썬다.

❹ 조림장을 만든다.

❺ 두꺼운 냄비에 무를 깔고 조림장의 1/3을 끼얹은 후 토막 낸 갈치를 넣고 나머지 조림장을 넣고 뚜껑을 덮고 조린다.

❻ 국물이 자작자작 거의 졸여졌을 때 꽈리고추와 대파를 넣고 국물을 끼얹어 가며 한번 더 조려낸다.

 tip -
- 갈치는 오래 조리는 생선이 아니므로 무가 두꺼우면 안 된다.
- 무를 크고 두껍게 썰어 사용할 때에는 먼저 양념장에 넣어 무를 반 정도 익혀준다.
- 애호박을 크고 두껍게 썰어 같이 지져도 좋다.

애호박조림

재 료

- 애호박 2개　　　• 연한 소금물 (물 1컵+소금 1작은술) 2컵　　　• 홍고추 2개　　　• 마늘 5톨
- 쇠고기(우둔살) 50g　　　• 식용유 1큰술　　　• 참기름 1큰술　　　• 꿀 1/2큰술　　　• 잣가루 1큰술
- 양념장 : 진간장 3큰술, 멸치육수 4큰술, 다진마늘 1/2작은술, 생강즙 1/2작은술, 설탕 1큰술, 후춧가루 약간

만드는법

❶ 애호박은 5cm길이로 토막을 내고 4등분해서 속을 잘라 내고 연한 소금물에 1시간 정도 담갔다 물을 제거한다.

❷ 홍고추는 씨를 빼고 어슷 썰고 마늘은 저민다.

❸ 쇠고기는 결반대 방향으로 포 떠서 0.3cm두께로 굵은 채 썰어 두들겨 준다.

❹ 양념장의 1/3을 고기에 양념한다.

❺ 두꺼운 팬에 식용유를 두르고 편으로 썬 마늘을 볶다가 나머지 양념장을 넣고 보글보글 끓을 때 고기를 넣고 볶다가 호박과 홍고추채를 넣고 뭉근한 불에서 양념을 끼얹어가며 볶는다.

❻ 거의 다 됐을 때 참기름과 꿀을 넣어 뒤적인 후 그릇에 담아 잣가루를 뿌린다.

tip - - - - - - - - - - - - - - - - - -
- 밥반찬으로 누구나 즐겨먹을 수 있다.
- 애호박은 곧고 가는 것이라야 씨가 작다.

나박김치·더덕구이

✿ 나박김치

재 료

- 배추 400g
- 무 400g
- 절임소금 1+1/2 큰술
- 밤 5개
- 미나리 30g
- 양념물 : 물 1.5ℓ, 고운고춧가루 3큰술, 다진마늘 2큰술, 다진생강 1큰술, 소금 1+1/2큰술, 설탕 1큰술

만드는법

1. 배추는 속대만 준비하여 밑둥과 잎사귀는 제거하고 2×2.5㎝크기로 썬다.
2. 무는 껍질을 긁어내고 배추와 같은 크기로 썬다.
3. 배추와 무는 소금에 10분정도 절인 후 헹궈 건진다.
4. 물을 끓여 따끈한 정도로 식힌 후 고운고춧가루, 다진마늘, 다진생강을 넣고 색과 향이 우러나면 체에 내린다.
5. 소금과 설탕으로 간을 맞춘다.
6. 용기에 배추, 무를 넣고 따끈한 양념물을 넣어 얼른 뚜껑을 덮고 같은 온도를 유지할 수 있게 덮어놓는다.
7. 10~12시간 정도 지나 익은 맛이 나면 밤을 4~5편으로 썰고 미나리는 2.5㎝정도 썰어 넣는다. 냉장보관한다.

✿ tip -
- 설탕 대신 그린스위트를 쓰면 국물맛이 더 산뜻하다.
- 미나리는 한꺼번에 넣는 것보다 그때그때 먹기 1시간 전쯤 넣는 게 향긋하고 맛있다.

✿ 더덕구이

재 료

- 더덕 300g
- 유장 : 참기름 2큰술, 청장 1/2큰술
- 식용유 1큰술
- 잣소금 1작은술
- 고추장양념 : 고추장 3큰술, 고운고춧가루 1/2작은술, 설탕 1+1/2큰술, 다진마늘 1/2큰술, 청장 1작은술, 물엿 1/2큰술, 깨소금 1큰술, 참기름 1큰술

만드는법

1. 더덕은 씻어 껍질을 벗겨 방망이로 자근자근 두들겨 넓게 편 후 유장을 발라 1~2시간 재워둔다.
2. 팬에 기름을 두르고 재워둔 더덕을 살짝 구워준다.
3. 고추장양념을 만들어 구운 더덕에 발라 양념장이 베이도록 두었다가 팬에 식용유를 약간 두르고 타지 않게 구워준다.
4. 먹기 좋게 썰어 접시에 담고 잣소금을 뿌려준다.

✿ tip -
- 양념장에 재워 하룻밤 두었다 구우면 더욱 맛이 좋다.
- 더덕껍질을 벗겨 바로 두들기면 부서지기 쉬우므로 냉동보관 했다가 사용하면 부서지지 않고 쫄깃쫄깃하여 맛을 더 할 수 있다.

황태구이·삼치구이

❈ 황태구이

재료

- 황태(大) 1마리
- 멸치육수 1컵
- 밀가루 1큰술~1+1/2큰술
- 식용유 적당량
- 잣소금 1작은술
- 양념장 : 청장 1작은술, 진간장 1/2큰술, 고춧가루 1/2큰술, 청주 1/2큰술, 들기름 1작은술, 참기름 1작은술, 고추기름 1작은술, 다진마늘 1/2큰술, 깨소금 1작은술, 간 양파 1큰술

만드는법

① 황태는 노란색을 띠는 깨끗한 것으로 준비하여 머리와 지느러미를 제거하고 젖은행주로 살살 닦아 멸치육수에 2~3시간 담가 불린다.

② 양념장을 만든다.

③ 불린 황태는 물기를 살며시 짜서 껍질쪽에 칼집을 듬성듬성 넣고 양념장을 바른 후 밀가루를 뿌려 하룻밤 재운다.

④ 팬에 식용유를 넉넉히 두르고 타지 않게 꼭꼭 눌러가며 구워낸다.

⑤ 먹기 좋은 크기로 잘라 잣소금을 뿌려낸다

❈ tip - - - - - - - - - - - - - - - - - - -

- 칼칼한 맛을 원한다면 고추장 양념을 하는 것도 좋다.
- 황태 구입할 때는 색이 탁하지 않고 신선하게 말려졌나 꼼꼼이 살펴야 한다. 햇거보다 묵은 것이 깊은맛은 있으나 너무 오래되지 않았는지 확인하고 장마철에는 반드시 냉장보관한다.

❈ 삼치구이

재료

- 삼치 500g (연한 소금물 : 물 1컵+소금 1작은술)
- 레몬즙 1/2큰술
- 밀가루 1큰술
- 식용유 2~3큰술
- 양념장 : 진간장 3~4큰술, 풋고추 1개, 다진마늘 1큰술, 다진파 2큰술, 설탕 1큰술, 고춧가루 1큰술, 깨소금 2큰술, 참기름 1큰술

만드는법

① 삼치는 싱싱한 것으로 준비하여 연한 소금물에 씻은 후 물기를 닦고 석장 뜨기 하여 가시를 발라낸다.

② 레몬즙을 뿌리고 밀가루를 묻혀 놓는다.

③ 양념장을 만든다.

④ 식용유를 두른 팬에서 노릇노릇 구워지면 양념장을 끼얹어 뚜껑을 1분간 덮어준다.

김치찌개 · 야콘깍두기

김치찌개

재료

- 배추김치 150g
- 두부 1/2모
- 대파 1대 또는 풋마늘 3대
- 돼지고기(목살) 100g (양념 : 다진마늘 1/2큰술, 다진생강 1/2작은술, 된장 1작은술, 고추장 1작은술)
- 멸치육수 2컵
- 김치국물 1/2컵

만드는법

1. 배추김치는 잘 익은 것으로 준비하여 속을 털어내고 국물을 대충 짜서 먹기 좋게 썬다.
2. 두부는 2.5×2.5㎝로 도톰하게 썰고 대파도 도톰하게 어슷 썬다.
3. 돼지고기는 결반대로 얄팍하게 썰어 냄비에 넣고 양념을 하여 살짝 볶아준 후 김치를 넣고 맛이 어우러지게 볶아준다.
4. 볶은 김치에 멸치육수를 넣고 끓으면 약한 불에서 푹 끓인다. 김치가 물러지면 김치국물을 넣고 끓을 때 두부와 대파를 넣어 한 번 더 끓여낸다.

 tip -
- 김치국물을 나중에 넣어야 칼칼하고 짜지 않아 맛있다.
- 통조림 꽁치나 참치를 고기 대신 사용하면 맛이 담백하다.

야콘깍두기

재료

- 야콘 2kg
- 소금 2큰술
- 쪽파 100g
- 양념 : 고춧가루 3큰술, 다진마늘 1큰술, 생강 1/2큰술, 새우젓 2큰술, 소금 약간

만드는법

1. 야콘은 씻어 껍질을 벗겨 2×2.5㎝크기로 썬다.
2. 소금에 30분 정도 절여준 후 소쿠리에 밭쳐 물기를 살짝 뺀다.
3. 쪽파는 씻어 2~2.5㎝길이로 썬다.
4. 양념을 만들어 야콘에 넣고 골고루 비비면서 쪽파도 함께 넣어 버무려 김치통에 담아 꼭꼭 눌러준다.

tip -
- 바로 먹을 수도 있고 익혀 먹어도 맛있다.
- 야콘 자체가 당분이 있어 달작지근하며 아삭아삭 부드러워 어린이나 노약자에게 좋다.
- 당뇨 치료에 아주 좋은 김치이다.
- 무와 같이 섞어 담아도 맛있다.

아욱토장국·콩나물국

❈ 아욱토장국

재료

- 아욱 250g
- 보리새우 70g
- 멸치육수 4컵
- 된장 2~2+1/2큰술
- 고추장 1/2큰술
- 다진마늘 1/2큰술
- 대파 1/2대

만드는법

1. 아욱은 연하고 싱싱한 것을 준비하여 질긴 섬유질을 벗겨 깨끗이 씻어 손으로 뜯어 주물러 파란물을 빼준다.
2. 보리새우는 팬에 기름을 두르지 말고 살짝 볶아 비벼 머리와 껍질을 제거한다.
3. 냄비에 멸치육수를 붓고 된장, 고추장을 풀어준다. 아욱과 보리새우를 넣고 끓인다.
4. 불을 줄여 서서히 푹 끓여줘야 맛있다.
5. 거의 끓여져 맛이 우려나면 다진마늘과 대파를 어슷 썰어 한소끔 끓여낸다.

❈ tip ----------------------------------
- 아욱국은 봄부터 가을까지 먹을 수 있으며 가을 아욱국은 문을 닫고 먹는다고 할 정도로 맛있다.

❈ 콩나물국

재료

- 콩나물 200g
- 쇠고기(우둔살) 50g (고기양념 : 다진마늘 1작은술, 국간장 1큰술, 후춧가루 약간, 참기름 1작은술)
- 대파 1대
- 마른 청양고추(또는 홍고추) 1~2개
- 육수 또는 멸치육수 6컵
- 다진마늘 1/2큰술
- 꽃소금 1/2작은술
- 국간장 1/2큰술

만드는법

1. 콩나물은 짧고 통통한 것으로 준비하여 뿌리를 다듬어 깨끗이 씻어 소쿠리에 건진다.
2. 쇠고기는 송송 썰어 양념한다.
3. 대파는 씻어 어슷썰고 마른 청양고추는 씨를 빼고 1cm길이로 자른다.
4. 냄비에 육수를 조금 넣고 양념한 고기를 넣어 볶다가 육수를 넣고 끓으면 콩나물을 넣고 뚜껑을 덮어 끓인다.
5. 콩나물이 익은 냄새가 나면 뚜껑을 열고 대파, 다진마늘, 고추를 넣어 한소끔 끓으면 소금과 국간장으로 간을 맞춘다.

❈ tip ----------------------------------
- 육수는 2~3번에 나누어 넣어주어야 맛이 좋다.
- 콩나물에 북어나 무를 같이 넣고 끓이면 시원하다.

배추김치

총각김치 (알타리김치)

✳ 배추김치

재료

- 배추 1포기(2.5kg)　　• 물 1.5ℓ　　• 굵은 소금 1/2컵　　• 웃소금 1/2컵
- 속재료 : 무 300g, 갓 50g, 미나리 20g, 쪽파 50g, 굴 1/2컵, 생새우 1/2컵 고운고춧가루 3큰술, 설탕 1작은술
- 양념 : 굵은 고춧가루 5큰술, 다진마늘 3큰술, 다진생강 1큰술, 새우젓 1큰술, 까나리액젓 1큰술
- 김치국물 : 물 1컵, 고운소금 1/2큰술, 까나리 액젓 1/2큰술

만드는법

❶ 배추는 묵직하고 길이가 너무 길지 않은 갓이 얇은 것으로 준비하여 지저분한 겉잎은 떼고 반으로 가른다.

❷ 소금물에 배추를 담그고 웃소금을 뿌려 2시간 정도 지나면 뒤집어 7~8시간 절인 다음 깨끗이 씻어 건진다.

❸ 무는 씻어 5㎝길이로 굵은 채 썰고 갓, 미나리, 쪽파는 다듬어 씻어 3~4㎝길이로 채 썬다.

❹ 굴, 생새우는 연한 소금물에 씻어 건져 생새우는 믹서기에 간다.　❺ 새우젓은 다져 양념재료를 모두 혼합한다.

❻ 큰 그릇에 무채와 고운고춧가루, 설탕을 넣고 살살 버무려 붉은물을 드린 후 양념과 모든 속재료를 넣고 버무린다.

❼ 절인 배추는 다시 반으로 갈라 배춧잎 하나하나에 속을 넣고 겉 잎으로 감싸 김치통에 꼭꼭 눌러 넣는다.

❽ 양념 묻은 그릇에 물과 소금, 액젓을 넣고 그릇을 헹궈 김치통에 옆으로 국물을 부어 돌로 누른다.

 tip -
- 김치는 절임과 숙성시킴에 따라 맛에 차이가 많이 난다.
　상온에서 1~2일(계절에 따라) 숙성시켜 냉장고에 넣는 게 맛있다.

✳ 총각김치(알타리김치)

재료

- 총각무 1단(1.5kg)　　• 굵은 소금 2/3컵(100g)　　• 쪽파 100g
- 찹쌀풀 : 찹쌀가루 1큰술, 멸치육수 1컵　　• 양념 : 고춧가루 70g, 다진마늘 1큰술, 다진생강 1작은술, 멸치액젓 1/2컵(100g), 설탕 1/2큰술
- 김치국물 : 생수 1컵, 꽃소금 1+1/2큰술(15g), 고춧가루 1큰술(5g)

만드는법

❶ 총각무는 작고 단단하며 무청이 싱싱한 것으로 선택하여 깨끗이 손질하여 씻는다.

❷ 총각무가 잠길 정도의 물에 소금을 넣고 무쪽을 먼저 넣어 1시간 정도 절인 후 무청을 담가 살짝 절인다.
　두세 번 헹궈 물기를 뺀다.

❸ 찹쌀풀을 쑨 뒤 식혀 고춧가루를 넣어 불린다.　❹ 쪽파는 깨끗이 씻어 4㎝길이로 썬다.

❺ 불린 고춧가루에 나머지 양념재료를 모두 넣어 잘 혼합한다. 절인 총각무에 쪽파와 양념을 넣고 골고루 버무려 2~3
　개씩 무청으로 감아 항아리에 차곡차곡 담는다.

❻ 김치국물로 양념 묻은 그릇을 헹궈 항아리에 살며시 붓고 꼭꼭 눌러준다.

✳ tip -
- 양념에 양파즙, 배즙을 넣어도 맛있다.　　• 총각무 김치에는 멸치액젓이 넉넉히 들어가야 맛있다.
- 봄, 여름에는 밀가루풀이 맛있고 가을, 겨울에는 찹쌀풀이 맛있다.

마늘쫑 고기채 볶음

재료

- 마늘쫑 150g
- 간간한 소금물(물 1컵+소금 1큰술)
- 설탕 1/2큰술
- 쇠고기채 50g (양념 : 간장 1/2큰술, 설탕 1작은술, 후춧가루 약간)
- 홍고추채 1개분
- 물엿 1큰술
- 통깨 약간
- 참기름 약간
- 식용유 약간

만드는법

① 마늘쫑은 3㎝정도로 썰어 간간한 소금물에 1시간 정도 담갔다 건져 끓는 물에 50초~1분 정도 데친다.

② 데친 마늘쫑은 얼른 건져 찬물에 헹궈 펼쳐준다. 따끈한 팬에 식용유를 두르고 마늘쫑과 설탕을 넣고 재빨리 볶는다.

③ 쇠고기채는 양념하여 볶는다.

④ 팬에 볶은 마늘쫑과 쇠고기채, 홍고추채를 혼합하여 재빨리 볶고 물엿, 통깨와 참기름으로 마무리한다.

 tip -

- 마늘쫑을 소금물에 담갔다 볶으면 새파란색을 오래 유지할 수 있다.

김장아찌

재료

- 생김 30장
- 무명실 적당량
- 통깨, 잣소금 약간씩
- 조림장 : 멸치다시마물 2컵, 진간장 1컵, 설탕 1컵, 흰물엿 1컵, 소주 3큰술, 식초 2큰술

만드는법

1. 김 5장을 4등분하여 잘라 4등분한 것을 마주 접어 무명실로 편편하게 감는다.

2. 냄비에 조림장 재료를 넣고 중불에서 설탕이 녹아 끓기 시작하면 약불에서 서서히 끓여 거품이 모여지면서 짝 올라오면 불을 끄고 차게 한다.

3. 밀폐용기에 김 접은면이 위로 올라오게 펴 놓고 조림장을 국자로 떠 넣는다.

4. 15일 후 위아래를 바꾸어 넣고 1개월 후 먹는다.

5. 먹을 때 꺼내어 실을 풀고 2㎝ 정방향으로 썰어 통깨나 잣소금을 뿌려낸다.

🌸 tip --------------------------------
- 조림장 농도가 잘 맞아야 김이 풀어지지 않는다. 오래 둘수록 깊은 맛이 있다.
- 죽이나 미음에 잘 어울리는 밑반찬이다.

전복장과

재료

- 전복(작은것) 8마리
- 생강 1쪽
- 백포도주 1/2큰술
- 매실즙 1작은술
- 대추 2개
- 은행 10알
- 양념장 : 진간장 1/3컵, 꿀 1큰술, 설탕 1/2큰술, 육수 1/2컵

만드는법

① 전복은 싱싱하고 작은 것으로 준비하여 껍데기에서 전복살을 떼어내어 내장을 제거하고 솔로 깨끗이 씻어 사선으로 칼집을 낸다.

② 팬에 편으로 썬 생강을 넣고 백포도주, 매실즙을 넣어 향이 우러나면 전복을 넣고 데치듯 볶아낸다.

③ 대추는 씨를 빼고 2~3등분하고 은행을 볶아 껍질을 제거한다.

④ 양념장을 끓여 전복과 대추, 은행을 넣고 졸여낸다.

 tip -

- 오래 조리면 질겨지므로 적당하게 조려주어야 한다.
- 신행 때 밑반찬으로 좋다.

도미조림

재료

- 도미 1마리(500g)
- 무 200g
- 대파 1대
- 홍고추 1개
- 꿀 또는 물엿 1큰술
- 조림장 : 진간장 1/2컵, 멸치육수 1컵, 매실청 1큰술, 마늘 5알,
  생강 1쪽, 후춧가루 1/3작은술, 설탕 1큰술

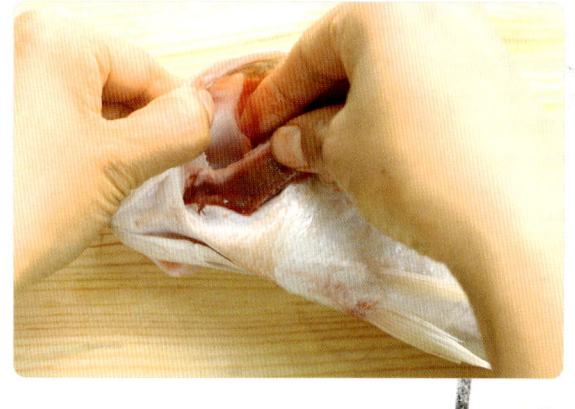

만드는법

① 도미는 분홍빛이 선명하고 윤기가 나는 싱싱한
　것으로 준비하여 비늘을 긁고 아가미 쪽으로 내
　장을 뺀 후 2~3토막을 내어 칼집을 넣는다.

② 무는 깨끗이 씻어 반달모양으로 도톰하게 썰고
　대파는 4cm길이로 채 썬다.

③ 홍고추는 씻어 씨를 털어내고 동글동글 썬다.

④ 조림장을 만든다.

⑤ 냄비에 무를 깔고 조림장의 1/3을 넣어 무를 약간
　익힌 후 도미를 넣는다. 나머지 조림장을 넣고 끓
　으면 중불에서 약불로 줄여 국물을 끼얹어가며
　조린다.

⑥ 거의 국물이 졸면 대파와 홍고추를 골고루 뿌려
　주고 국물을 끼얹어준 후 꿀이나 물엿을 넣어 윤
　기 나게 조린다.

❈ tip ----------------------------

- 도미는 봄부터 가을까지 맛있으나 특히 초봄이 제일 맛있다.
- 경사스러운 일에 도미를 쓴다하여 혼사 때 많이 사용한다.

메밀묵

- 메밀쌀 500g
- 물 4ℓ
- 소금 1큰술
- 참기름 1큰술

만드는 법

① 메밀쌀은 살짝 씻어 건진다.

② 건진 메밀쌀을 헝겊주머니에 담아 물을 넣어가며 쌀알이 거의 없어질 때까지 계속 주물러 녹말물을 만든다.

③ 바닥이 두꺼운 솥에 녹말물을 넣고 눋지 않게 계속 저으면서 센 불에서 중불, 약불로 불 조절을 하여 1시간 30분 정도 끓인다.

④ 거의 졸았을 때 소금, 참기름을 넣고 잘 저어 10분 정도 뜸들인 후 적당한 그릇에 담아 굳힌다.

✳ tip
- 묵은 김치를 송송 썰어 얹어 먹기도 하고 양념간장에 찍어 먹기도 한다.
- 메밀가루로 쑤는 묵보다 훨씬 깊은 맛이 있다.
- 제사 때면 어김없이 어머니께서 쑤어주시던 메밀묵 맛이 그립다.

불고기 샐러드

재료

- 쇠고기 200g (양념 : 청주 1큰술, 식초 1/2큰술, 설탕 1/2큰술, 간장 1/2큰술, 다진마늘 1작은술, 참기름 1작은술, 깨소금 1작은술)
- 상추 5장
- 깻잎 5장
- 오이 1/2개
- 양파(小) 1개
- 홍피망(小) 1개
- 식용유 약간
- 겨자소스 : 식초 3큰술, 설탕 1+1/2큰술, 간장 1/2큰술, 연겨자 1큰술, 소금 약간
- 간장소스 : 간장 1큰술, 식초 3큰술, 다진마늘 1/2큰술, 설탕 1+1/2큰술, 통깨, 참기름 약간

만드는 법

❶ 불고기용 고기는 양념에 재워 따끈한 팬에 식용유를 약간 두르고 한 장씩 구워 먹기 좋은 크기로 썬다.

❷ 채소는 깨끗이 씻어 상추, 깻잎은 손으로 적당히 자르고 오이는 반 갈라 어슷 썰어준다.

❸ 양파는 깨끗이 씻어 속부분을 얇고 둥글게 썰고, 피망은 꼭지를 떼고 얇고 둥글게 썰어 냉수에 헹궈 건져놓는다.

❹ 구운 고기를 식혀 채소와 같이 넣고 원하는 소스에 가볍게 무쳐낸다.

 tip -------------------------------
- 손쉽게 구할수 있는 재료로 누구나 쉽게 만들 수 있다.

쇠고기 채소말이쌈

재 료

- **쇠고기 200g** (양념 : 소금, 후춧가루 약간, 참기름 1작은술, 청주 1큰술)
- **청고추 6개**
- **홍피망 2개**
- **더덕 3뿌리**
- **녹말 약간**
- **소스** : 육수 4큰술, 간장 1/2큰술, 케첩 1/2큰술, 고추장 1큰술, 설탕 1큰술, 굴소스 1큰술, 참기름 1/2큰술

만드는법

① 쇠고기는 양념에 재운다.

② 청고추와 홍피망 더덕은 굵은채 썰어 볶는다.

③ 양념에 재운 고기에 녹말을 살짝 뿌리고 볶아 둔 채소를 넣고 돌돌 만다.

④ 소스를 끓여 거품이 올라올 때 돌돌 만 고기를 넣고 윤기 나게 졸여 어슷 썰어낸다.

⁂ **tip** -

- 도시락 찬이나 술안주로 좋다.
- 고기와 향긋한 더덕향이 잘 어울어지며 쫄깃거림과 아삭거림이 조화를 이룬다.

애호박 새우젓찌개

재료

- 애호박 300g
- 두부 200g
- 새우젓 1~1+1/2큰술
- 대파 1/2대
- 홍고추 1개
- 멸치육수 3컵
- 다진마늘 1작은술

만드는법

① 애호박은 깨끗이 씻어 2×3㎝크기로 썰고 두부도
   같은 크기로 썬다.

② 새우젓 1큰술은 다져 애호박과 두부에 밑간을 한다.

③ 대파와 홍고추는 깨끗이 씻어 어슷 썰고 고추씨
   를 털어낸다.

④ 냄비에 멸치육수를 넣고 끓을 때 호박을 넣고 한
   소끔 끓인 후 두부와 다진마늘을 넣고 끓어오르
   면 고추와 대파를 넣는다.

⑤ 새우젓으로 간을 맞춘다.

 tip -

- 좀더 매운맛을 즐기고 싶다면 청양고추를 넣어준다.
- 반찬이 마땅치 않아도 젓국찌개만 있으면 밥 한공기 뚝딱.

3장

손님 초대상

남자들은 나이가 들수록 신맛을 싫어하고 젊은 여성들은 새콤달콤한 것을 좋아한다. 여성들은 직접 손으로 싸먹는 것을 좋아하지만 남성들은 번거로운 것을 싫어한다. 사돈 간이나 어려운 자리에서는 편하게 드실 수 있도록 배려하여야 한다. 예를 들어 껍질이 있는 대하나 통생선으로 내면 먹기가 불편하여 싫어한다. 따라서 음식을 준비할 때는 모임의 성격과 먹는 분의 연령, 고향을 생각하여 준비하여야 한다.

낙지볶음

재료

- 낙지 3마리
- 밀가루 적당량
- 양파 1/2개
- 배추속대 5장
- 풋마늘 5대
- 풋고추 3개
- 홍고추 2개
- 대파 1/2대
- 식용유 적당량
- 청주 1큰술
- 생강즙 1작은술
- 양념 : 고춧가루 3큰술, 고추장 1/2작은술, 다진마늘 2/3큰술, 설탕 2/3큰술, 매실청 1큰술, 진간장 1작은술, 소금 약간
- 참기름 1/2큰술
- 통깨 1/2큰술
- 후춧가루 약간

만드는 법

❶ 낙지는 싱싱한 것으로 준비하여 먹물과 눈, 이빨을 제거한 후 밀가루를 넣고 주물러 꼬들꼬들하게 씻어 건진다.

❷ 손질한 낙지를 5~6㎝ 길이로 썬다.

❸ 양파와 배추속대는 깨끗이 씻어 낙지와 같은 크기로 썬다.

❹ 풋마늘은 다듬어 씻어 낙지와 같은 크기로 썬다.

❺ 풋고추, 홍고추, 대파는 씻어 어슷 썬다.

❻ 달궈진 팬에 식용유를 두르고 청주, 생강즙을 넣고 낙지를 넣어 데치듯 뒤적여 체에 밭친다.

❼ 달군 팬에 식용유를 살짝 두르고 배추속대와 양파를 얼른 볶아 체에 밭친다.

❽ 낙지 볶은 국물과 채소 볶은 국물에 양념을 넣고 잘 혼합한다.

❾ 팬에 식용유를 살짝 발라 낙지와 만든 양념 1/2을 넣고 재빠르게 뒤적인 후 모든 채소를 넣고 나머지 양념을 넣어 재빠르게 볶는다. 참기름과 통깨, 후춧가루를 넣어 마무리한다.

✳ tip --

- 여름에는 양배추를 사용해도 좋다.
- 센 불에 재빨리 볶아주어야 양념이 타지 않아 색이 예쁘고 연하다.
- 고기와 같이 볶아주는 것도 맛있으며 국물을 살짝 둘러 국수사리를 곁들일 수도 있다.

제
육
고
추
장

불
고
기

재 료

- 돼지고기(목살) 400g
- 포도주 3큰술
- 양파 40g
- 사과 40g
- 생강 7g
- **고추장 양념** : 고추장 2큰술, 진간장 1~2큰술, 고춧가루 1/2큰술, 메실청 1큰술, 다진마늘 1큰술, 다진파 2큰술, 깨소금 1큰술, 설탕 1작은술, 후춧가루 약간, 참기름 1/2큰술
- 식용유 약간

만드는법

① 돼지고기는 불고기감으로 준비하여 포도주에 1시간 정도 재운다.

② 양파, 사과, 생강을 믹서기에 갈아 돼지고기에 넣어 1차 양념을 한다.

③ 고추장 양념을 만들어 1차 양념한 돼지고기에 넣고 양념이 고루 배이도록 골고루 버무린다.

④ 팬에 식용유를 약간 두르고 양념한 고기를 넣어 구워준다.

 tip ------------------------------------

- 상추와 깻잎을 곁들여 내면 좋다.
- 포도주를 사용하여 돼지고기의 누린내를 제거해준다.

물오징어 레몬즙무침

- 물오징어 1마리(350~400g)
- 레몬즙 3큰술
- 오이 1/2개
- 무 40g
- 밤 2개
- 쪽파 3대
- 청고추 2개
- 레몬 1/2개
- 통깨 1/2큰술
- 참기름 1/2작은술
- 단초물 : 물 1컵, 설탕 1/2컵, 식초 1/2컵, 꽃소금 1/2큰술
- **초고추장** : 고추장 2큰술, 고운고춧가루 1큰술, 설탕 1큰술, 식초 1큰술, 다진마늘 1큰술, 다진파인애플 반쪽분, 생강즙 1작은술, 고운소금 1작은술

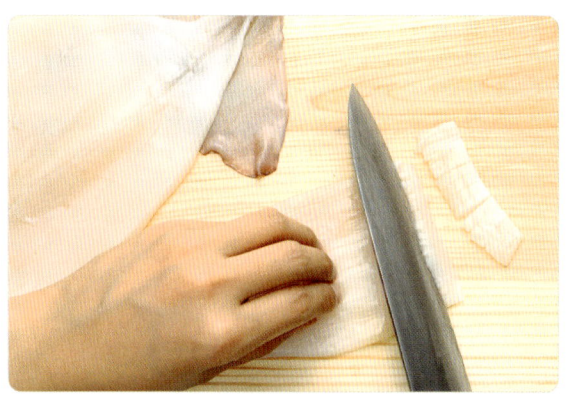

만드는 법

1 오징어는 껍질을 벗기고 깨끗이 씻어 몸통 바깥 쪽으로 칼집을 넣어 먹기 좋게 썬다.

2 끓는 물에 레몬즙 1큰술 넣고 칼집 넣은 오징어를 데쳐내고 발도 데쳐 오돌오돌한 것을 벗겨 몸통 과 같은 크기로 썬다.

3 데쳐낸 오징어를 남은 레몬즙에 버무려 차게 보관 한다.

4 오이는 소금으로 비벼 씻어 반으로 어슷 썬다.

5 무는 굵은 채 썰고 밤은 까서 납작 썰고 쪽파는 3 ㎝길이로 썬다.

6 청고추는 씻어 씨를 빼고 어슷 썰고 레몬은 얇게 편으로 썬다.

7 오이, 무, 밤은 단초물에 담갔다 물기를 제거한다.

8 초고추장을 만들어 오징어를 먼저 무치고 나머지 재료를 함께 버무린 다음 통깨, 참기름으로 마무 리한다.

 tip
- 비린내가 전혀 없어 상큼한 맛이다.

홍어회

재료

- **홍어** 500g (밑간 : 식초 1컵, 설탕 2/3컵, 매실청 1큰술, 소금 1/2작은술)
- **오이** 반개
- **무** 100g
- **더덕** 1개
- **식초** 4큰술
- **설탕** 4큰술
- **소금** 1작은술
- **미나리** 20g
- **청·홍고추** 1개
- **참기름, 통깨** 약간씩
- **양념고추장** : 고추장 1큰술, 고운고춧가루 1/2컵, 설탕 2큰술, 다진마늘 1큰술, 3배식초 1큰술, 물엿 2큰술, 레몬즙 1/2개분

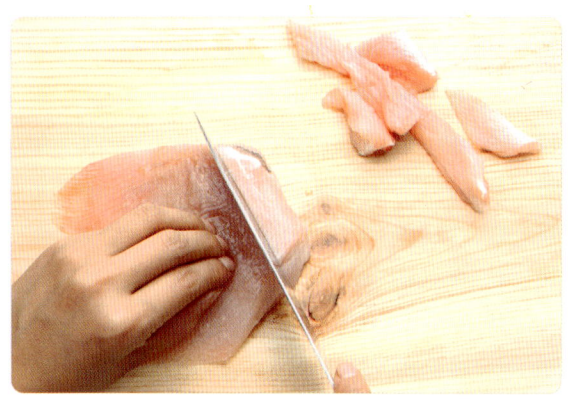

만드는법

① 홍어는 껍질을 벗겨 먹기 좋은 크기로 썰어 밑간에 5~6시간 재운 후 고슬고슬하게 꼭 짠다.

② 오이는 소금으로 문질러 씻어 속을 빼고 무와 같이 새끼손가락 굵기의 3㎝길이로 썬다.

③ 더덕은 껍질을 벗겨 살짝 두들겨 굵게 찢어준다.

④ 오이, 무, 더덕을 식초, 설탕, 소금에 재워 절여지면 물기를 꼭 짠다.

⑤ 미나리는 다듬어 씻어 줄기부분만 3㎝길이로 썰고 고추는 어슷 썰어 씨를 뺀다.

⑥ 양념고추장을 만들어 홍어를 먼저 버무리고 나머지 양념으로 채소를 무쳐 잘 혼합하여 참기름, 통깨로 마무리한다.

※ **tip**

- 홍어요리를 배우려고 남편과 같이 흑산도에 가서 음식점에서 만들 수 있는 홍어 요리를 다 시켜먹었다. 고생도 많았지만 좋은 추억이 되었다. 여러 가지 홍어요리 중 홍어애와 보리나물을 넣고 국을 끓이는 게 인상적이었다. 호남지방분들은 잔치에 홍어가 빠지면 안 된다고 생각한다.

족편

재료

- 우족 1개 (밑양념 : 후추 1/3작은술, 다진 마늘 2/3큰술, 소금 약간)
- 사태 300g
- 청주나 소주 1/3컵
- 향신채 : 생강 2쪽, 대파 1뿌리, 통후추 1작은술
- 고명 : 달걀 2개, 석이버섯 2장, 고운고춧가루 약간
- 진간장 3큰술, 후춧가루 약간
- 초간장 : 식초 1큰술, 진간장 1큰술, 설탕 1/4작은술, 잣소금 1작은술

만드는법

① 우족은 칼로 껍질부분을 긁어내고 불순물을 제거한다.

② 손질한 우족은 물을 갈아가며 5~6시간 담가 핏물을 빼고, 사태는 덩어리째 담가 핏물을 뺀다.

③ 핏물을 뺀 우족과 사태는 끓는 물에 청주나 소주를 넣고 데쳐준 후 건져 찬물에 씻어낸다.

④ 두꺼운 냄비에 우족과 사태를 넣고 3배정도의 물과 향신채를 넣어 끓이다가 사태가 익으면 꺼내고 우족은 더 끓여준다.

⑤ 국물이 뽀얗게 우러나고 우족이 흐물흐물하게 익었으면 건져 뼈를 골라내고 고기는 잘게 다져 밑양념하여 국물에 다시 넣어 걸쭉하게 될 때까지 끓인다.(약간 고기가 씹히는 맛이 있을 정도)

⑥ 중간중간 윗면의 기름을 걷어낸다.

⑦ 달걀은 황백지단을 부쳐 곱게 채 썰고 석이버섯은 돌을 띄어내어 비벼 씻어 고운채로 썬다.

⑧ 우족의 농도가 걸쭉해졌을 때 간장과 후춧가루를 넣고 잘 저어 사각쟁반에 담아 윗면이 약간 굳어지면 황백지단채, 석이채, 고춧가루로 장식하여 얼린다.

⑨ 얼린 족편을 먹기 좋게 썰어 초간장과 곁들여 낸다.

※ tip ---------------------------------

- 윗면의 기름을 잘 걷어내지 않으면 단백한 맛이 덜하다.
- 먹다 남은 것은 물을 조금 보충하여 다시 끓여 얼리면 좋다.
- 아주 귀하고 특별한 날 해먹는 음식이다.

삼색밀쌈

재료

- 찰 밀가루 1+1/2컵
- 백년초물 1작은술
- 반죽물 : 달걀흰자 2개, 육수(멸치육수) 1컵, 물 1컵, 소금, 설탕, 참기름, 흰후춧가루 약간씩
- 치자물 1큰술
- 부추즙 1큰술

속재료

- 건표고 6장
- 쇠고기채 200g (양념 : 간장 3큰술, 설탕 1큰술, 후춧가루, 마늘, 참기름 약간씩)
- 더덕 200g (육수 약간), 청피망 6개 (소금 약간)
- 칵테일 새우 200g (밑간 : 소금, 생강즙, 참기름, 흰후춧가루 약간씩)

만드는 법

① 찰 밀가루는 체에 내려 3등분한다.

② 반죽물을 3등분하여 찰 밀가루에 섞어 각각 3가지색으로 반죽한다.

③ 건표고는 불려 기둥을 떼고 고운 채 썰어 물기를 꼭 짠다.

④ 쇠고기의 양념 반을 고기에 넣고 버무려 팬에 볶으면서 표고를 넣고 나머지 양념을 넣어 볶는다.

⑤ 더덕은 껍질을 벗겨 고운 채로 썰어 육수에 살짝 볶는다.

⑥ 청피망은 깨끗이 씻어 씨를 빼고 고운 채로 썰어 소금에 살짝 절여 꼭 짜서 볶는다.

⑦ 칵테일 새우는 찬물에 헹군 후 끓는 물에 소금과 생강즙을 넣고 살짝 데쳐내어 참기름, 흰후춧가루로 밑간한다.

⑧ 볶은 속재료를 모두 골고루 혼합한다.

⑨ 삼색밀가루 반죽은 둥글고 얇게 부쳐 속재료를 넣고 곱게 말아준다.

⑩ 겨자초장을 만들어 곁들여낸다.

 tip
- 색감이 아름다워 먹어보고 싶은 충동을 일으킨다.

메밀구절

재 료

- 메밀전병 : 메밀가루 1컵, 밀가루 1큰술, 백란 1개, 육수 1컵, 물 1/3컵, 소금 2/3작은술
- 고기채 70g (양념장 : 간장 1큰술, 설탕 1작은술, 다진마늘 1작은술, 참기름, 후춧가루 약간씩)
- 우엉 (식초 1방울) 50g (양념 : 진강장 1작은술, 설탕 1/2작은술, 소금 약간, 참기름 약간)
- 무 80g (소금, 참기름 약간씩)
- 애호박 1개 (350g) (소금, 참기름 약간씩)
- 가지 1개 (150g) (소금, 참기름 약간씩)
- 더덕 50g (소금 약간)
- 칵테일 새우 50g (양념 : 흰후춧가루, 참기름 약간씩)
- 황란 2개 (양념 : 소금, 흰후춧가루 약간씩)

만드는법

❶ 메밀전병재료를 모두 혼합하여 끈기가 날정도로 잘 쳐준다.

❷ 고기채는 양념장을 넣고 볶는다.

❸ 우엉은 깨끗이 씻어 껍질을 벗겨 고운 채 썰어 물에 식초를 넣고 헹군다. 팬에 기름을 살짝 두르고 양념하여 볶는다.

❹ 무는 씻어 고운 채로 썰어 소금에 살짝 절여 준 후 꼭 짜서 팬에 살짝 볶아 참기름을 친다.

❺ 애호박, 가지는 껍질을 돌려깎기 해서 고운 채로 썰어 소금에 절여준 후 꼭 짜서 볶아 참기름을 친다.

❻ 더덕은 껍질을 벗겨 고운 채 썰어 소금을 약간 치고 숨만 죽을 정도로 볶는다.

❼ 칵테일 새우는 씻어 끓는 소금물에 살짝 데쳐 양념한다.

❽ 황란은 체에 내려 양념한 후 얇게 지단을 부쳐 곱게 채 썬다.

❾ 메밀전병을 얇게 부쳐 구절판에 색맞추어 예쁘게 담아 겨자초장을 곁들여낸다.

※ tip -----------------------------------
- 메밀과 무는 궁합이 잘 맞아 무채는 꼭 넣어주어야 한다.
- 구절판 재료의 고정관념을 깨고 색다른 재료로 만들어 보았다.

가
지
떡
잡
채

재료

- 가지 200g (2~3개) (양념 : 맛장 1작은술, 육수 1/2큰술, 참기름 1/2큰술, 식용유 약간)
- 소금물 (물 2컵 +소금 2/3큰술)
- 쇠고기 50g
- 불린표고버섯 30g
- 쇠고기 · 표고버섯 (양념 : 설탕 1/2큰술, 다진마늘 1작은술, 간장 1+1/2큰술, 참기름 1/2큰술, 후춧가루약간)
- 떡볶이 떡 70g (양념 : 참기름 약간, 국간장 1방울)
- 풋고추 20g
- 홍고추 1/2개
- 꿀 1/2큰술
- 잣 약간
- 식용유 약간

만드는법

① 가지는 5~6cm길이, 0.7~1cm두께로 썰어 소금물 에 30분~1시간 정도 절인 후 꼭 짠 다음 가지양 념을 넣고 볶는다.

② 쇠고기와 표고버섯은 채 썰어 양념을 나누어 각 각 볶는다.

③ 떡은 가지와 같은 크기로 썰어 양념을 넣고 버무 려 잠시 두었다가 볶는다.

④ 풋고추와 홍고추는 채 썰어 살짝 볶아 색을 살린다.

⑤ 각각 볶은 것을 혼합하여 꿀을 넣고 잘 섞은 후 잣 을 얹어 접시에 담아낸다.

 tip ----------------------------------

- 굳어진 떡은 끓는물에 살짝 데쳐 말랑말랑해지면 참기름을 조금 넣고 청장 한방울을 넣어 버무려둔다.

당면잡채

재료

- 당면 500g (양념물 : 물 10컵, 간장 2/3컵, 설탕 1/2컵, 식용유 1/3컵)
- 건표고 100g
- 목이버섯 5~6장
- 느타리버섯 300g (소금 약간)
- 청피망 5개 (소금 약간)
- 양파(中) 2개
- 양념장 : 진간장 4큰술, 다진마늘 1큰술, 설탕 2큰술, 참기름 1큰술, 후춧가루 1작은술
- 쇠고기채 300g
- 홍고추채 3개분
- 참기름 1큰술
- 후춧가루 1/4작은술
- 통깨 1큰술
- 식용유 약간

만드는법

1. 당면은 마른 채로 씻어 양념물에 알맞게 삶아 채반에 얼른 부어 물기를 제거한다.
2. 건표고는 불려 기둥을 떼서 씻고 고운 채 썰어 물기를 꼭 짠다.
3. 목이버섯은 불려 돌을 골라내고 씻어 손으로 적당한 크기로 찢는다.
4. 느타리버섯은 소금에 살짝 절여 꼭 짜서 채로 찢는다.
5. 청피망은 씻어 씨를 빼고 채로 썬다.
6. 양파는 씻어 채로 썬다.
7. 양념장을 만들어 쇠고기채에 양념장 1/2을 넣고 볶다가 채 썬 표고와 나머지 양념장을 넣어 뒤적인 후 느타리버섯과 목이버섯을 넣고 볶아준다.
8. 채 썬 청피망은 소금에 절여 꼭 짜서 볶아 채반에 받쳐 파랗게 하고 양파는 살짝 볶아 채반에 받친다.
9. 홍고추채도 볶는다.
10. 모든 재료를 혼합하여 참기름, 후춧가루, 통깨를 넣고 골고루 버무려낸다.

tip

- 당면을 양념물에 삶아주면 잘 불지 않고 더디 쉰다.
- 많은 양을 할 때는 당면을 제외한 모든 재료를 각각 볶으면서 밑양념을 하고 채소는 살짝만 볶아야 한다. 한꺼번에 혼합하는 것보다 나누어 혼합하는 게 좋다.

돼지고기 부추잡채

재료

- 돼지고기(목살) 300g (양념 : 진간장 3큰술, 설탕 1/2큰술, 다진마늘 1큰술, 후춧가루 1/3작은술, 참기름 1/2큰술)
- 적포도주 2/3컵
- 부추 1/2단(150g)
- 양파 1/2개
- 홍고추 2개
- 소금, 설탕, 참기름 약간씩
- 식용유 약간
- 통깨 약간

만드는 법

1. 돼지고기는 0.5cm두께로 넓게 포를 떠 적포도주에 1시간 정도 재워둔다.

2. 적포도주에 재운 돼지고기는 팬에 식용유를 약간 두르고 노릇노릇 구워 기름을 뺀 후 가늘게 채 썰어 고기양념하여 볶는다.

3. 부추는 싱싱한 것으로 준비하여 씻어 6cm길이로 썬다.

4. 양파는 씻어 채 썰고 홍고추는 씨를 제거한 후 곱게 채 썬다.

5. 팬에 식용유를 약간 두르고 채 썬 양파를 넣고 살짝 볶아 소금과 참기름을 넣는다.

6. 팬에 채 썬 홍고추와 부추를 넣고 소금, 설탕, 참기름을 넣고 재빨리 볶아낸다.

7. 볶아준 고기와 양파, 홍고추, 부추를 혼합한 후 통깨를 뿌려준다.

tip
- 부추는 살짝 볶아야 연하고 맛이 좋다.
- 돼지고기를 구워 채 썰어 볶으면 색도 예쁘고 훨씬 감칠맛이 난다.

우설냉채

재료

- 우설 1개
- **향신채** : 황기 1뿌리, 수삼 1뿌리, 통후춧 10알, 양파 1/2개, 대파 1대, 건고추 2개
- **곁들임 채소** : 샐러리 1/2포기, 래디시 6개, 수삼 2뿌리
- **소스** : 육수 1/2컵, 배즙 1큰술, 간장 1작은술, 설탕 1큰술, 식초 1큰술, 레몬즙 1/2큰술, 겨자초장 2큰술, 매실청 1큰술, 꽃소금 1작은술
- **조림장** : 육수 2컵, 맛간장 1/3컵, 진간장 1/4컵, 포도주 1큰술, 월계수잎 3장, 꿀 1큰술, 후춧가루, 참기름 약간씩
- **고명** : 잣소금 1+1/2큰술

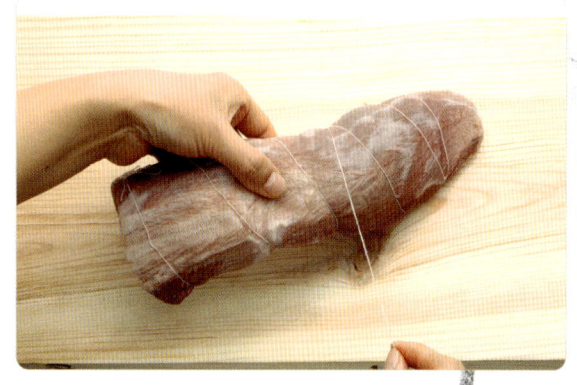

만드는 법

❶ 우설은 표피를 깎아내고 기름과 불순물을 제거하여 핏물을 뺀 다음 흰무명실로 모양을 잡아준다.

❷ 냄비에 우설이 잠길 정도의 물과 향신채를 넣고 끓기 시작하면 우설을 넣어 1시간 정도 삶는다.

❸ 삶은 우설을 건져내고 국물은 면보에 밭친다.

❹ 곁들임 채소는 깨끗이 손질하여 곱게 채 썬 후 냉수에 헹궈 체에 밭쳐둔다.

❺ 소스재료를 혼합하여 소스를 만들어 차게 둔다.

❻ 밭쳐 놓은 육수 2컵에 맛간장, 진간장, 포도주, 월계수잎을 넣어 끓으면 삶아 낸 우설을 넣는다. 조림장을 끼얹어가며 조리다가 거의 졸여지면 꿀, 후춧가루, 참기름을 넣고 윤기 나게 조려준다.

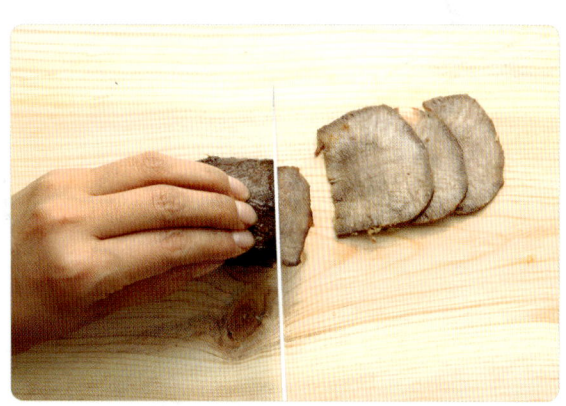

❼ 조려준 우설은 무명실을 풀고 얇게 썰어 접시에 돌려 담고 채소를 곁들여낸다.

❽ 썰어 놓은 우설에 잣소금을 뿌려준다.

❾ 차게 둔 소스를 곁들여낸다.

❋ **tip** -

- 우설은 표피를 잘 제거하지 않으면 우설 특유의 냄새가 난다.
- 술안주에 잘 어울리는 음식이다.
- 아주 부드럽고 채소와 잘 어울려져 환상적인 맛이다.

닭가슴살 수삼냉채

재료

- 닭가슴살 200g (밑간 : 소금 1/3작은술, 매실청 2큰술, 물 2큰술)
- 오이 반개 (120g)
- 수삼 1개 (60g)
- 배 100g
- 래디시 3~4개
- 냉채소스 : 다진수삼 1+1/2큰술, 꿀 1큰술, 식초 2큰술, 물 2큰술, 연겨자 1작은술, 소금 1/2작은술, 간장 약간

만드는법

① 소금, 매실청, 물을 혼합하여 닭가슴살에 넣고 40~50분 정도 담가 둔다.

② 담가둔 닭가슴살은 건져 찜통에 15분 정도 찐 후 적당한 크기로 찢어 차게 둔다.

③ 오이는 소금으로 문질러 씻어 돌려 깎아 1×3.5cm 로 얇게 썬다.

④ 수삼은 깨끗이 씻어 오이와 같은 크기로 썬다.

⑤ 배는 껍질을 벗겨 조금 도톰하게 썬다.

⑥ 래디시는 깨끗이 씻어 둥글게 썬다.

⑦ 냉채소스를 만들어 냉동실에서 살얼음이 생길 정도로 차게 둔다.

⑧ 오이와 수삼, 래디시는 차가운 물에 한번 헹궈 건져 다른 재료와 함께 냉장 보관한다.

⑨ 접시에 닭가슴살, 오이, 배, 수삼, 래디시를 예쁘게 담아 소스를 곁들여낸다.

 tip --------------------------------
- 수삼향이 닭고기와 잘 어울려져 고급스런 맛을 느낄 수 있다.

해파리 갖은 채소냉채

재료

- 해파리 1근 (밑간 : 식초, 설탕, 소금 약간씩)
- 양상추 100g
- 적채 100g
- 오이 1개
- 무채 100g
- 단촛물 : 물 2컵, 설탕 4큰술, 식초 4큰술, 소금 1/2큰술
- 소스 : 설탕 3큰술, 식초 3큰술, 배즙 3큰술, 레몬즙 1큰술,
  연겨자 1작은술, 간장 1/2작은술, 소금 1작은술, 다진마늘
  1/2큰술, 다진 청·홍고추 1/2작은술씩

만드는 법

❶ 해파리는 여러 번 씻어 물이 끓을 때 불을 끄고 얼
  른 데쳐내어 찬물에 담가 여러 번 물을 바꿔준다.

❷ 채소는 각각 고운 채 썰어 찬물에 헹궈 단촛물에
  잠깐 담갔다 꺼내어 물기를 제거하고 차게 한다.

❸ 해파리는 물을 꼭 짜서 밑간하여 주물러 보관한다.

❹ 소스의 재료를 모두 혼합하여 소스를 만든다.

❺ 모든 재료는 물기를 제거하고 접시에 예쁘게 담
  아낸다.

❻ 소스를 곁들여낸다.

 tip

- 화려하고 입맛을 돋우어주는 산뜻한 맛이다.
- 특히 다이어트식으로 적합하다.

갈
비
찜

재료

- 찜갈비 2근(1.2㎏)
- 향신채 : 대파 1대, 생강 1쪽, 무 1토막, 양파(소) 1/2개
- 1차양념 : 배즙 1/2컵, 육수나 물 2컵, 설탕 2/3큰술, 파인애플 1쪽, 양파즙 3큰술
- 2차양념 : 진간장 4큰술, 다진마늘 1큰술, 다진파 2큰술, 후춧가루 1/2작은술, 통깨 1작은술, 참기름 1큰술
- 깐 밤 7개
- 대추 7개
- 참기름, 후춧가루, 꿀 약간씩
- 고명 : 은행 10알, 달걀 1개, 잣 1/2큰술

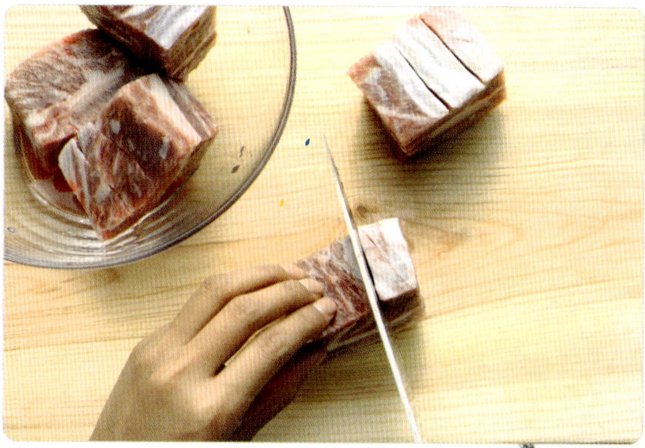

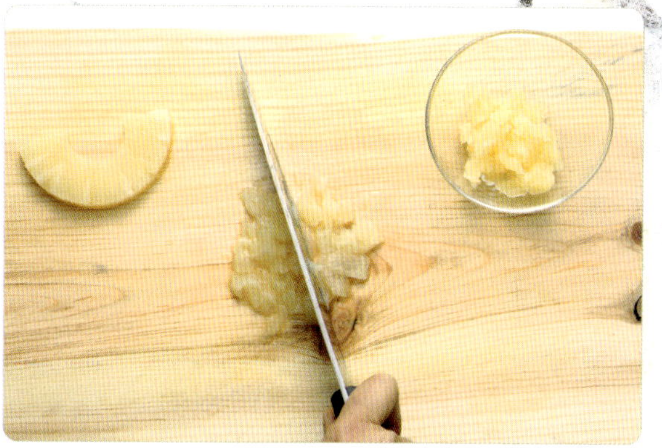

만드는 법

❶ 갈비는 물을 갈아가며 3~4시간 담가 핏물을 뺀 후 칼집을 넣어준다.

❷ 갈비가 잠길 정도의 물에 향신채를 넣고 끓을 때 갈비를 넣어 5분 정도 끓으면 건져 흐르는 물에 빨리 헹군다.

❸ 갈비 삶은 국물은 면보에 깨끗이 밭쳐 놓는다.

❹ 파인애플은 다져 1차 양념을 만든다.

❺ 삶은 갈비는 1차양념하여 30분쯤 재워둔 후 불에 올려 반 정도 익힌다.

❻ 2차양념을 만들어 갈비에 골고루 끼얹어 중불, 약불에서 뒤적여가며 졸인다.(이때 기름을 잘 제거해야 한다.)

❼ 졸이면서 깐 밤과 씨를 뺀 대추를 넣고 뒤적인다.

❽ 은행은 볶아 놓고 달걀은 황백지단을 부쳐 마름모꼴로 썬다.

❾ 상에 내기 직전에 참기름, 후춧가루, 꿀 약간으로 마무리하여 그릇에 담고 고명을 예쁘게 얹어낸다.

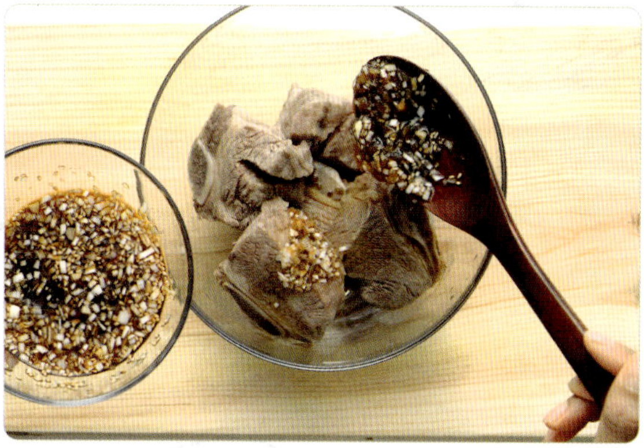

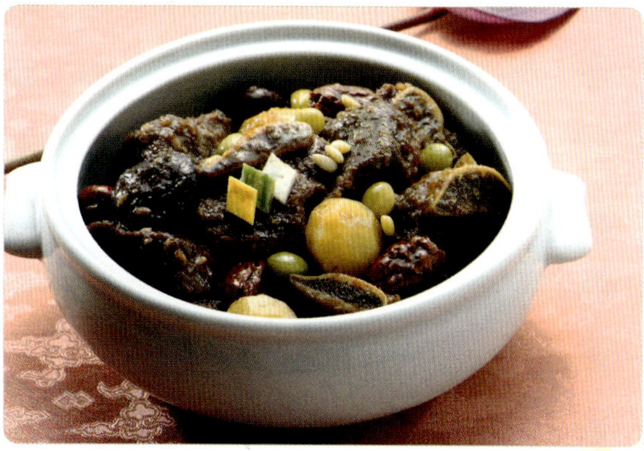

tip

- 많은 양을 할 때는 밤, 대추를 따로 졸여주면 좋다.
- 표고버섯, 당근, 무를 넣어도 좋다.

생선주머니찜

재료

- 흰살생선살 400g (양념 : 생강즙 1큰술, 볶은 소금 2/3작
  은술, 흰후춧가루 약간, 참기름 1/2큰술)
- 속재료 : 쇠고기 40g (양념 : 간장 1/2큰술, 후춧가루 약간,
  다진마늘 1/2작은술, 포도주 1작은술, 설탕 1/2작은술,
  깨소금 1/2작은술, 참기름 1/2작은술),
  새송이 1개, 청양고추 2개, 밤채 2큰술, 날치알 1작은술
- 밀가루 1큰술
- 소스 : 육수 1/3컵, 녹말 1/2큰술, 설탕 2작은술, 국간장
  2작은술, 참기름 2작은술
- 고명 : 달걀노른자 1개, 청·홍고추 1/2개씩
- 식용유 약간

만드는법

❶ 생선살은 5×6㎝길이로 토막을 낸 후 가운데 칼
   집을 넣어 주머니처럼 만든 후 양념에 재운다.

❷ 쇠고기는 고운 채 썰어 양념하여 재운다.

❸ 새송이는 곱게 채 썰어 소금에 절여 꼭 짜고 청양
   고추는 씨를 빼서 고운 채 썬다.

❹ 준비한 쇠고기와 새송이, 밤채를 팬에 기름을 살
   짝 두르고 볶은 후 청양고추를 넣고 한번 뒤적여
   준 후 날치알을 넣고 혼합한다.

❺ 달걀노른자는 지단을 부쳐 고운 채 썰고 청·홍고
   추도 고운 채 썰어 볶는다.

❻ 생선주머니 속에 밀가루를 약간 뿌려 볶은 속을
   넣어준 후 그 입구에 밀가루를 묻혀 기름 두른 팬
   에 살짝 지져낸다.

❼ 소스는 혼합하여 끓인다.

❽ 찜통에 지져낸 생선을 넣고 7~8분 찐 후 끓인 소
   스를 발라 한김 올린다.

❾ 고명으로 장식한다.

※ tip

- 귀한 손님초대상에 메인 요리로 손색없다
- 아주 단백하며 드시기에 편하다.
- 생선가시는 철저히 제거하여야 한다.

솔잎 돼지고기찜과 숙주나물

재료

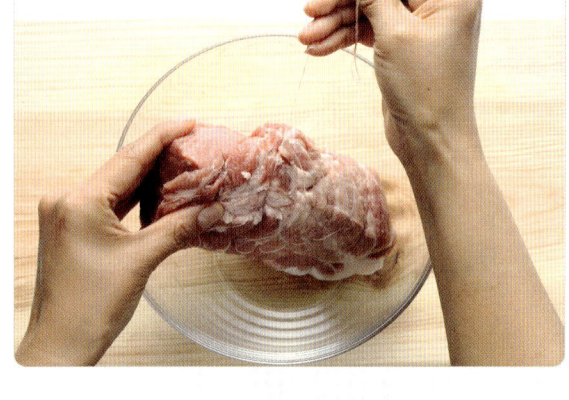

- 돼지고기 (삼겹이나 목살) 2근 (밑간 : 청주나 소주 1/2컵)
- 솔잎 적당량
- 조림장 : 맛장 1/2컵, 진간장 1/3컵, 물 1/2컵, 청양고추 3개, 물엿 1큰술
- 실부추 200g
- 숙주나물 2근
- 진간장 1~2방울
- 소금, 후춧가루 약간씩
- 홍고추채 1개분
- 무명실 적당량

만드는법

① 돼지고기는 깨끗이 씻어 밑간하여 30분 정도 재운 후 실로 모양을 잡아준다.

② 찜솥에 솔잎을 깔고 재워둔 돼지고기를 넣은 후 고기 위를 솔잎으로 덮어준다. 1시간 정도 찐다.

③ 조림장을 끓여 찐 고기를 넣고 굴려가며 살짝 조려준 후 식혀 썰어준다.

④ 실부추는 4~5cm로 썬다.

⑤ 숙주나물은 깨끗이 씻어 팬에 식용유를 넣고 살짝 볶으면서 진간장과 소금, 후춧가루로 간을 한다. 부추와 홍고추채를 넣고 뒤집어 준 후 불을 끈다.

⑥ 접시에 깨끗한 솔잎을 깔고 썬 고기와 볶은 채소를 곁들여낸다.

 tip -

- 솔잎은 깨끗이 씻어 사용한다.
- 솔잎향이 돼지고기에 스며들어 누린내가 나지 않는다.
- 백김치나 묵은김치를 곁들여도 맛있다.
- 돼지고기를 쪘기 때문에 기름이 빠지고 쫄깃거려 향과 질감이 매우 좋다.

통북어 조림

재 료

- 북어 2마리 (밑간 : 참기름 1큰술, 들기름 1큰술, 맛장 1큰술, 고추장 1큰술, 향신즙 3큰술)
- 멸치육수 1+1/2컵
- 밀가루 1큰술
- 찹쌀가루 1+1/2큰술
- 다진쇠고기 200g (양념 : 간장 1/2큰술, 마늘 1/2큰술, 설탕 1작은술, 적포도주 1작은술, 참기름, 후춧가루 약간씩)
- 북어조림장 : 멸치육수 2컵, 향신즙 1/3컵, 설탕 1/2큰술, 물엿 2큰술, 고추장 1큰술, 고운고춧가루 1작은술, 간장 1/2 큰술, 참기름 1/2큰술, 식용유 1/2큰술, 후춧가루 약간
- 고명 : 잣, 통깨 적당량

만드는법

① 북어는 머리와 지느러미를 잘라내고 멸치육수에 담가 촉촉이 불려서 가시와 비늘을 제거한다.

② 물기를 살며시 짜서 등쪽에 칼집을 넣고 밑간한다.

③ 북어 안쪽에 밀가루를 솔솔 뿌린다. 고기를 양념 하여 북어에 쏴쏴 편 후 찹쌀가루를 솔솔 뿌린다.

④ 북어조림장을 혼합하여 보글보글 끓을 때 북어껍 질이 밑으로 가게 넣는다. 고기가 떨어지지 않게 꼭꼭 눌러주면서 국물을 끼얹어가며 약한 불에서 서서히 윤기 나게 조려낸다.

⑤ 고명으로 장식하여 먹기 좋은 크기로 썰어낸다.

 tip -

- 고기는 잘 치대주어야 한다.
- 북어와 고기가 떨어지지 않게 꼭꼭 눌러주어야 하고 뒤집을 때 주의하여야 한다.

꼬지산적

재료

- **채끝 등심 300g** (밑간 : 간장 1/2큰술, 설탕 1/2큰술, 참기름 1/2큰술, 배즙 2큰술)
- **느타리버섯 1팩** (밑간 : 설탕, 참기름 약간씩)
- **연한 소금물** : 물 1컵+소금 1작은술
- **움파 5대**
- **양념장** : 파인애플 1쪽, 간장 3큰술, 설탕 1큰술, 배즙 1/2컵, 양파즙 2큰술, 다진마늘 1큰술, 다진파 1+1/2큰술, 참기름 1큰술, 후춧가루 1/2작은술

만드는법

1. 채끝 등심은 불고기보다 도톰하게 썬다.

2. 쟁반에 고기를 나란히 펴고 고기양념을 붓으로 발라 밑간을 한 후 살짝 구워 1.5×7cm정도로 썬다.

3. 파인애플은 곱게 다지고 모든 양념을 혼합하여 양념장을 만든다.

4. 느타리버섯은 연한 소금물에 절여 꼭 짜서 밑간을 한다.

5. 움파는 깨끗이 씻어 고기와 같은 크기로 썬다.

6. 꼬지에 고기, 버섯 순으로 꽂아 양념장에 재워 노릇노릇 구워낸다.

 tip --------------------------------

- 느타리버섯은 데치면 미끈거리기 때문에 연한 소금물에 절였다 사용하는 것이 좋다.
- 옛 어른들은 꼬지산적의 앞 꼬지부분이 뾰족하게 나오면 거친 자손이 나온다고 하였다.

(1988년 대한 양계협회 전국요리대회 장려상)

수삼 사슬적

재료

- 수삼 250g (밑간 : 참기름, 소금 약간씩)
- 물 5큰술
- 소금 약간
- 닭고기(닭다리) 150g (양념 : 수삼가루 1/2큰술, 볶은 소금 1/2작은술, 설탕 2/3작은술, 흰후춧가루 1/4작은술, 참기름 1작은술)
- 밀가루 적당량
- 꼬지 적당량
- 달걀흰자 2개분

만드는법

① 수삼은 엄지손가락 굵기의 곧은 것으로 골라 뿌리를 제거하고 씻은 후 껍질을 벗긴다.

② 수삼은 7㎝길이로 잘라 길이로 반을 가른다.

③ 팬에 물 5큰술, 소금을 약간 넣어 손질한 수삼을 살짝 익혀준다.

④ 익혀낸 수삼은 건져 참기름과 소금으로 밑간한다.

⑤ 닭고기는 껍질을 벗겨 곱게 다져 닭고기양념을 한다.

⑥ 쟁반에 밀가루를 체에 내린다.

⑦ 꼬지에 2개의 수삼을 가운데를 비워두고 양쪽으로 꽂는다.

⑧ 양념한 닭고기를 수삼과 같은 크기로 빚어 밀가루 묻혀 꼬지에 꽂은 수삼 사이에 넣어준다.

⑨ 수삼꼬지에 밀가루를 살짝 뿌려 달걀에 무치고 기름 두른 팬에 지져낸다.

🌼 tip -

- 초간장을 곁들여내면 좋다.
- 한김 나간 후 꼬지를 빼면 모양이 흐트러지지 않는다.

해
물
꼬
지
산
적

재료

- **전복 2마리 (260g)** (양념 : 청주, 후춧가루, 참기름 약간씩), 식용유 적당량
  (소스 : 진간장 2/3큰술, 맛장 1큰술, 육수 2큰술, 청주 약간, 고추기름 약간, 참기름 1/2큰술, 후춧가루 약간, 꿀 1작은술)
- **패주 2마리** (밑간 : 백포도주, 흰후춧가루, 참기름, 소금 약간씩)
- **새우(中) 6마리** (1차양념 : 물 1/3컵, 소금, 설탕, 후춧가루 약간씩)
  (소스 : 육수 3큰술, 소금, 설탕, 참기름, 백포도주, 흰후춧가루, 고추기름 약간씩, 꿀 한 방울) , (2차양념 : 참기름, 후춧가루, 소금 약간씩)
- **홍합 1꼬지** (양념 : 진간장 2/3큰술, 고추기름 약간, 참기름 1작은술, 청주·후춧가루 약간씩, 꿀 1작은술), **레몬 1/3쪽**
- **양송이(中) 6개** (조림장 : 육수 2/3컵, 진간장 1/2큰술, 소금 약간, 꿀 1작은술, 참기름 1작은술)
- **은행 6알, 잣소금 약간, 식용유, 꼬지 6개** • **향신채 : 생강 1쪽, 양파 1쪽**

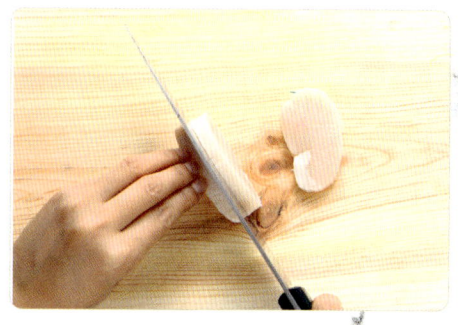

만드는법

❶ 전복은 살아 있는 것으로 준비하여 껍데기와 살 사이에 수저를 넣어 살을 떼어내고 내장은 가위로 도려낸 후 깨끗이 씻는다.

❷ 씻은 전복은 칼집을 넣어 양념을 한다.

❸ 패주는 내장과 질긴 막을 벗겨내고 물에 씻어 연한 소금물에 살짝 데쳐 3장 뜨기 하여 밑양념한다.

❹ 새우는 연한 소금물에 씻어 꼬지를 사용하여 등쪽으로 내장을 뺀 후 꼬지에 꿰어준다.

❺ 팬에 새우의 1차양념을 넣고 끓으면 꼬지에 꿴 새우를 넣어 2/3정도 익혀준 후 꺼내어 꼬지를 빼고 머리와 껍질을 제거한다.

❻ 홍합은 색이 붉고 선명한 싱싱한 것으로 준비하여 불순물을 제거하고 연한 소금물에 씻어 건져 끓는 물에 레몬을 넣고 홍합을 데쳐낸다.

❼ 팬에 식용유와 향신채를 넣고 뜨거워지면 양념한 전복을 넣고 부드럽게 튀겨내어 종이타월로 기름기가 전혀 없이 닦아낸다.

❽ 팬에 전복소스를 넣고 튀겨낸 전복을 넣어 조려준 후 길이로 어슷 썰어 3등분한다.

❾ 팬에 참기름을 두르고 양념한 패주를 지져낸다.

❿ 팬에 새우의 소스를 넣고 껍질을 벗긴 새우를 넣어 조심스럽게 뒤적이며 완전히 익힌 후 2차양념을 한다.

⓫ 팬에 홍합 양념을 넣고 끓으면 데쳐낸 홍합을 넣어 윤기 나게 조려준다.

⓬ 양송이는 얼른 씻어준 후 조림장이 끓을 때 양송이를 넣고 조려준다.

⓭ 은행은 파랗게 볶아 껍질을 벗긴다.

⓮ 꼬지에 새우, 패주, 홍합, 전복, 양송이, 은행 순으로 꽂는다.

⓯ 패주 위에 잣소금을 뿌려 마무리한다.

 tip -

- 은행 볶는 방법 : 차가운 팬에 식용유를 두르고 은행을 넣어 볶으면서 소금과 물엿을 한 방울 넣어준다. 국자 등으로 돌려가며 저어주면 은행껍질이 잘 벗겨진다.

화전말이

재료

- **화전 반죽** : 찹쌀가루 1kg, 소금 약간, 설탕물(설탕 1큰술 + 물 6큰술), 백년초 가루 1/2큰술, 치자물 1큰술
- **화전 속** : 붉은 팥 500g
  - 1차양념(설탕 1/4컵, 꿀 1큰술, 소금 1/2작은술)
  - 2차양념(꿀 1+1/2큰술, 소금 1/2작은술, 유자청 3큰술, 계피가루 1작은술)
- **고명** : 대추, 석이버섯, 즙청이나 꿀 약간

만드는법

① 백년초 가루에 약간의 물을 넣어 색물을 만든다.

② 치자열매는 물에 담가 치자물을 만든다.

③ 찹쌀가루는 3등분하여 소금과 끓은 설탕물, 각각의 색을 넣고 반죽한다.

④ 붉은 팥은 푹 삶아 채에 내려 앙금을 내고 껍질을 분리한다.

⑤ 앙금을 탈수하여 1차 양념을 하여 팬에서 약한 불로 볶는다. 볶은 것을 2차 양념하여 손으로 꼭꼭 쥐어 알맞은 크기로 빚어 화전속을 만든다.

⑥ 대추는 깨끗이 닦아 씨를 제거하고 돌돌 말아 얇게 썰어 대추꽃을 만들고 석이는 깨끗이 손질하여 곱게 채 썬다.

⑦ 팬에 기름을 두르고 찹쌀 반죽을 둥글납작하게 만들어 지진다.

⑧ 지져낸 반죽에 화전속을 넣고 예쁘게 말아 즙청을 발라 대추꽃과 석이로 장식한다.

✽ tip

- 치자물 만드는 법 : 치자를 반으로 쪼개어 치자 1개에 미지근한 물 1/4컵을 부어 우려낸다.
- 즙청 만드는 법 : (재료 : 조청물엿 5컵, 물 1~2컵, 생강 100g) 조청물엿에 물과 편으로 썬 생강을 넣고 끓여 체에 내린다.
- 화전을 지질 때 달라붙기 쉬우므로 주의하여야 한다.

장어양념구이

재료

- 손질한 장어 2마리(400g)
- 청주 또는 소주 1컵
- 1차양념 : 메실청 1+1/2큰술, 맛장 1큰술, 물 1/2컵
- 2차양념 : 간장 1큰술, 맛장 1큰술, 고추장 1작은술, 고추기름 1/2큰술, 생강즙 1/2작은술, 메실청 1큰술, 참기름 1/2큰술, 후춧가루 약간
- 고명 : 생강 1쪽, 식초물 (물 2큰술, 식초 2큰술, 설탕 1큰술, 소금 약간)
- 식용유 약간

만드는법

❶ 장어는 물에 씻지 말고 키친타월로 핏물을 깨끗이 닦아낸 후 4~5㎝크기로 토막을 내어 껍질부분에 칼집을 넣고 술에 1시간 정도 재운다.

❷ 재워둔 장어는 건져 팬에 1차 양념을 넣고 은근한 불에서 잘 익혀준다.

❸ 익힌 장어는 2차양념을 골고루 바른 후 기름을 살짝 바른 팬에서 다시 한 번 타지 않게 구워낸다.

❹ 생강은 껍질을 벗겨 고운채로 썰어 식초물에 헹궈 구운 장어 위에 얹어낸다.

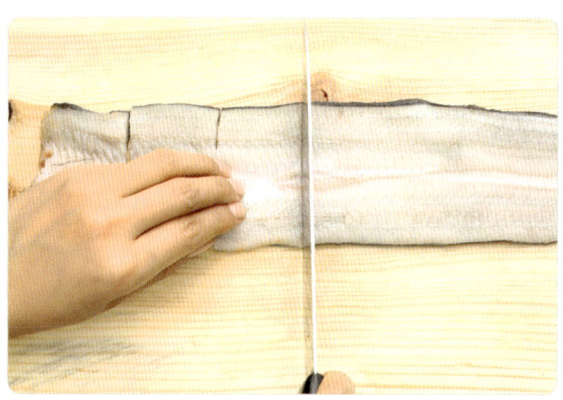

✳ tip

- 장어는 1kg에 4마리가 제일 맛이 좋다.
- 장어는 1차양념에 잘 구워야 부드럽다.

4장

별식

죽은 재료의 특성에 따라 멥쌀만 넣고 쑤는 죽도 있고 멥쌀과 찹쌀을 섞어 쑤는 죽도 있다. 죽에 어울리는 반찬으로는 나박김치나 김장아찌, 더덕 삼색 생채, 북어보푸라기 같은 무겁지 않은 반찬이 적당하다. 건강톳밥은 개발메뉴인데 톳을 좋아해서 톳냉국, 톳된장무침을 잘해 먹는다. 그러다보니 톳밥을 개발하게 되었고 영양을 더하기 위해 돼지고기를 넣었는데 잘 어울어져 맛있다.

연잎밥

재 료

- 찹쌀 3컵
- 연자 2/3컵
- 호두 8개
- 밤 5개
- 대추 10개
- 은행 20알
- 다시마물 4큰술
- 소금 1작은술
- 참기름 1큰술
- 연잎 10장

만드는 법

1. 찹쌀은 5시간 이상 불린다.

2. 연자는 7~8시간 불려 가운데 심을 뺀다.

3. 호두, 밤, 대추는 같은 크기로 썰고 은행은 볶아 속껍질을 벗긴다.

4. 찜솥에 찹쌀과 연자를 같이 섞고 40분 정도 찐다.

5. 찐밥은 그릇에 담아 호두, 밤, 대추, 은행을 잘 섞고 다시마물에 소금을 풀어 밥에 골고루 참기름과 같이 뿌려준 후 연잎에 싸서 30분 정도 찐다.

 tip -

- 연잎이 큰것은 2등분이나 4등분하여 자그게 싸는 것도 좋다.
- 연사는 속껍질을 깨끗이 벗기지 않으면 떫은맛이 없어지지 않는다.

송이 쇠고기장조림

재 료

- 쇠고기(홍두깨살) 300g
- 저민 생강 3쪽
- 설탕 2큰술
- 참기름 2큰술
- 물 3컵
- 진간장 1/3컵
- 집간장 1/4컵
- 냉동송이 300g

만드는법

1. 홍두깨살은 물에 담가 핏물을 빼고 2×4cm크기로 썬다.

2. 냄비에 생강, 설탕, 참기름을 넣고 고기를 넣어 맛이 스며들게 볶는다.

3. 고기를 볶은 냄비에 물 3컵을 붓고 끓으면 약한 불에서 2/3정도 익으면 고기는 건져내고 국물을 면보에 밭쳐낸다.

4. 냄비에 고기와 국물, 간장을 넣고 끓으면 냉동송이를 살짝 씻어 넣어 같이 조린다.

5. 상에 낼 때 먹기 좋게 찢어 그릇에 담아낸다.

 tip -
- 송이향이 은은하며 송이와 고기 맛이 어우러져 아주 고급스럽다.
- 명절이나 혼사 때 선물용으로 좋다.

추어탕

재료

- 미꾸라지 1kg
- 굵은 소금 1~1+1/2큰술
- 물 5~6컵
- 불린 무청 우거지 800g
- 들깨 2컵
- 된장 150g
- 마늘 150g
- 고춧가루 3큰술
- 따뜻한 물 4ℓ
- 다진파 적당량
- 다진청양고추 적당량

만드는 법

1. 싱싱하고 통통한 미꾸라지를 구입하여 해감 시킨다.

2. 미꾸라지에 굵은 소금을 넣고 박박 문질러 여러 번 씻는다.(미끈거림을 확실히 제거한다.)

3. 압력솥에 미꾸라지와 물 5~6컵 정도 넣고 20분간 끓인다.

4. 끓인 미꾸라지는 가시를 골라내고 믹서기에 간다.

5. 우거지는 먹기 좋게 썬다.

6. 들깨는 믹서기에 갈아 고운체에 밭쳐둔다.

7. 미꾸라지, 우거지, 들깨, 된장, 마늘, 고춧가루를 혼합하여 잘 주물러서 따뜻한 물 4ℓ 를 넣고 눌지 않게 저어가며 30~40분간 끓인다.

8. 다진파, 다진 청양고추를 곁들여 낸다. 산초가루를 넣어먹기도 한다.

tip ----------------------------------
- 미꾸라지는 구입해서 2~3일 소금물에서 물을 갈아주며 해감 시킨다.
- 물은 꼭 따뜻한 물을 써야 한다.(끓일 때 물)
- 추어탕은 잘 상하기 때문에 반드시 냉장 보관하여야 한다.
- 미꾸라지 가시는 믹서기에 갈아 밀가루와 부추를 넣고 부쳐 먹으면 골다공증에 좋다.

들깨죽

재료

- 들깨 1컵
- 불린 찹쌀 1/2컵
- 불린 멥쌀 1/2컵
- 물 8컵
- 소금 적당량

만드는법

❶ 들깨는 깨끗이 씻어 건진다.

❷ 건진 들깨에 물 3컵을 넣고 맷돌에 갈아 헝겊주머니에 넣고 주물러 들깨즙을 만든다.

❸ 불린 쌀은 맷돌에 슬쩍 간다.

❹ 냄비에 쌀을 넣고 들깨즙과 나머지 물을 넣고 쌀이 퍼질 때까지 끓인다.

❺ 소금으로 간을 맞춰 먹는다.

❋ tip --

- 생 들깨죽은 깊은 맛이 있고 볶은 들깨죽은 고소한 맛이 있다. 또한 들깨죽은 하루 지나 데워 먹어도 맛이 좋다.
- 옛 어른들은 허리가 아플 때 들깨죽을 먹고 빨래방망이를 허리에 받혀 따뜻한 아랫목에 누워 있으면 허리 아픈 것이 치유된다 하여 많이 끓여 시어머님께 드렸던 생각이 새롭다.

보말죽

재 료

- 보말 600g
- 불린 쌀 1컵
- 참기름 1+1/2큰술
- 물 6~7컵
- 소금 적당량

만드는 법

1 보말은 깨끗이 바락바락 문질러 씻어 끓는 물에 살짝 데쳐 꼬지로 속을 빼낸다.

2 보말의 속에도 모래가 있기 때문에 여러 번 씻어 낸 후 물기를 받쳐둔다.

3 두꺼운 냄비에 참기름을 두르고 보말의 속을 넣고 달달 볶아 건진다.

4 쌀은 물기를 빼서 **3**의 냄비에서 볶아준 후 물을 넣고 쌀이 거의 퍼지면 볶은 보말을 넣고 저으면서 5분 정도 끓여낸다.

5 소금으로 간한다.

tip

- 보말은 고동과 비슷한 것으로 제주도에서만 볼 수 있다. 맛이 구수하며 단백질이 풍부하다.
- 어렸을 때 오빠와 함께 바닷가에 보말을 잡으러 갔던 기억이 새롭다. 썰물이 되어 돌을 뒤집어보면 보말이 수두룩하여 정신없이 주워 담았던 생각이 난다.

전복보양죽

재료

- 전복 200g
- 불린 멥쌀 1/2컵
- 불린 찹쌀 1/2컵
- 참기름 1+1/2큰술
- 육수 6~7컵
- 송이 2개
- 볶은 소금 1작은술
- 청장 한 방울

만드는법

❶ 전복은 살아 있는 싱싱한 것으로 준비한다.

❷ 전복의 얇은 쪽에 수저를 밀어 넣어 내장이 터지지 않게 전복살을 떼어낸 뒤 내장을 제거한다.

❸ 전복을 솔로 문질러 씻어 칼집을 넣어 얇게 포 뜨듯 어슷하게 썬다.

❹ 두꺼운 냄비에 참기름을 두르고 전복을 넣어 볶은 후 그릇에 떠낸다.

❺ 불린 쌀에 전복내장을 가위로 잘라 넣고 쌀과 내장이 골고루 혼합되게 주무른 다음 참기름을 넣고 볶다가 육수를 넣고 죽을 쑨다.(센 불→약한 불)

❻ 송이는 뿌리쪽의 모래를 씻은 후 칼로 껍질을 살살 벗겨 전복과 같은 크기의 편으로 썬다.

❼ 쌀알이 퍼졌다 싶으면 소금과 청장으로 간을 맞춘 후 볶은 전복과 송이를 넣고 살짝 끓여 그릇에 담아낸다.

 tip ---------------------------------

- 전복내장은 암컷은 파랗고 수컷은 노란색을 띈다.
- 전복은 오래 볶으면 질겨진다.

가래떡찜

재료

- 가래떡 3개 (300g)
- 쇠고기 (우둔살) 100g
- 표고버섯 2장
- 고기양념 : 진간장 2큰술, 다진마늘 1/2큰술, 설탕 1큰술,
  참기름 1/2큰술, 깨소금 1/2큰술, 후춧가루 약간
- 미나리 5줄기
- 떡양념 : 진간장 2+1/2큰술, 물 2큰술, 설탕 1큰술,
  꿀 1/2큰술, 참기름 1큰술
- 고명 : 달걀 1개

만드는 법

① 가래떡은 말랑말랑한 것으로 준비하여 5㎝길이
   로 썰어 양끝을 1㎝정도 남기고 길게 세군데 칼
   집을 넣는다.

② 쇠고기와 표고버섯은 고운 채 썰어 고기양념한다.

③ 미나리는 다듬어 씻어 소금물에 살짝 데쳐 2㎝길
   이로 썬다.

④ 달걀은 황백으로 나누어 지단을 부쳐 곱게 채
   썬다.

⑤ 가래떡 칼집사이에 양념한 고기와 버섯, 미나리,
   황백지단을 혼합하여 꼭꼭 채워 넣는다.

⑥ 팬에 떡 양념을 넣고 보글보글 끓을 때 떡을 넣고
   고루 굴려가며 맛있게 졸인다.

 tip
- 설에 먹다 남은 떡을 이용할 때는 끓는 물에 살짝 삶아 사용하면
  좋다.
- 어린이나 여성이 특히 좋아한다.

여름주먹밥

재료

- 찹쌀 1컵
- 진간장 1작은술
- 깐 양파 100g
- 깐 대파 30g
- 삶은 배추 20g
- 청양고추(소) 2개
- 오이 1개
- 소금 약간
- 밥새우 5g
- 실멸치 10g

만드는 법

1. 찹쌀은 10시간 충분히 불려 건진다.

2. 쌀에 진간장을 넣고 골고루 섞어 10분정도 찐다.

3. 양파, 대파, 삶은 배추, 청양고추는 아주 곱게 다 진 후 살짝 볶아준다.

4. 찐밥에 볶은 채소를 넣고 골고루 섞어 25분정도 찐다.

5. 오이는 소금으로 문질러 씻어 돌려깎기로 속을 제거하고 입자가 보일정도로 다져준 후 살짝 절 여 꼭짠다.

6. 밥새우와 실멸치는 기름을 두르지 않은 팬에서 살짝 볶아낸다.

7. 밥을 3등분하여 오이, 밥새우, 멸치를 넣고 주먹 밥을 만들어 담쟁이 잎을 깔고 담아낸다.

 tip --
- 잘 상하지 않아 여름 야외용으로 적합하다.

닭칼국수

재 료

- 닭(中) 1마리
- 황기 1대
- 수삼 1뿌리
- 호박 1개
- 양파 1/2개
- 대파 1/2대
- 풋고추 2개
- 생칼국수 700g
- 소금, 후춧가루 약간씩

만드는 법

1. 닭은 깨끗이 씻어 껍질과 기름을 제거한다.

2. 솥에 닭이 잠길정도의 물을 붓고 끓으면 손질한 닭과 황기, 수삼을 넣고 끓여 닭고기가 익으면 꺼내 살과 뼈를 분리하여 닭고기를 먹기 좋게 찢는다.

3. 국물은 거즈에 밭쳐 기름을 제거한다.

4. 호박과 양파는 씻어 채 썰고 대파는 어슷 썬다. 풋고추도 씨를 빼고 어슷 썬다.

5. 판매하는 칼국수를 준비하여 살살 풀어준다.

6. 육수가 끓으면 국수, 호박, 양파, 닭고기를 넣고 끓이면서 대파, 풋고추를 넣고 소금, 후춧가루로 간을 맞춘다.

tip
- 메밀국수를 사용하면 더 구수하고 건강에도 좋다.
- 양념장을 따로 내도 좋다.
- 양념장: 조선간장 2큰술, 다진마늘 1작은술, 진간장 1큰술, 다진파 1작은술, 고춧가루 1/2큰술

코다리 닭강정

재료

- 코다리 300g
- 닭 300g
- 양념 : 향신즙 2큰술, 소금, 후춧가루, 참기름 약간씩
- 녹말가루 1/2컵
- 식용유 적당량
- 소스 : 고추장 1큰술, 매실청 1큰술, 물엿 2큰술, 진간장 2/3 큰술, 고춧가루 1/3작은술, 참기름 1/2큰술, 후춧가루 약간
- 고명 : 마른고추 2개, 청고추 3개, 깐마늘 5쪽, 통깨 약간

만드는법

1. 코다리는 비늘을 긁고 깨끗이 씻어 지느러미를 잘라 먹기 좋게 자른다.

2. 닭은 깨끗이 씻어 알맞게 자른다.

3. 양념을 반으로 나눠 손질한 코다리와 닭에 각각 양념한다.

4. 양념한 코다리와 닭에 녹말가루를 묻혀 식용유에 튀긴다.

5. 마른고추와 청고추는 어슷썰고 마늘은 편으로 썬다.

6. 소스를 만들어 보글보글 끓을 때 튀긴닭과 코다리, 고명을 넣고 버무려 통깨를 뿌려낸다.

 tip -
- 코다리 대신 북어를 사용하여도 좋다.
- 밥반찬, 술안주, 야외용 도시락찬으로 좋다.

돼지고기 고구마강정

재료

- 돼지고기 300g (밑간 : 생강즙 1/2큰술, 다진마늘 1/2큰술, 소금, 후춧가루, 참기름 약간씩)
- 고구마 300g
- 달걀 2개
- 녹말가루 1컵
- 청·홍피망 1개씩
- 깐마늘 2개
- 생강 1쪽
- 건고추 2개
- 양념소스 : 간장 3큰술, 식초 3큰술, 청주 6큰술, 설탕 4큰술
- 통깨 약간

만드는법

① 돼지고기는 살코기로 준비하여 1.5×5cm크기로 썰어 밑간을 한다.

② 고구마는 껍질을 벗겨 4×1.5cm크기, 1cm두께로 썬다.

③ 고구마와 돼지고지에 달걀, 녹말가루를 입혀 고구마를 먼저 튀겨낸 다음 돼지고기를 바싹 튀겨낸다.

④ 청·홍피망은 씨를 빼고 적당히 썬다. 깐마늘과 생강은 편으로 썰고 건고추는 1cm크기로 썬다.

⑤ 냄비에 깐마늘, 생강, 건고추를 넣고 향을 낸 다음 양념소스를 넣고 보글보글 끓을 때 튀긴 돼지고기와 고구마, 청·홍피망을 넣는다. 윤기 나게 버무려 통깨를 뿌려낸다.

 tip

- 고구마 대신 단호박이나 감자를 사용하여도 좋다.
- 돼지고기와 고구마는 2번 튀겨주어야 더욱 바삭하다.

건강 톳밥

재료

- 보리쌀 1/2컵
- 멥쌀 1/2컵
- 물 1+1/2컵
- 돼지고기(목살) 100g (양념 : 생강즙 1작은술, 다진마늘 1/2큰술, 진간장 1/2큰술, 후춧가루 약간, 참기름 약간)
- 불린 톳 100g (양념 : 참기름, 소금 약간씩)
- 양념장 : 진간장 2큰술, 맛장 1큰술, 물 1큰술, 다진청고추 1큰술, 다진청량고추 1큰술, 고춧가루 1작은술, 다진쪽파 2큰술, 다진마늘 1/2큰술, 깨소금 1큰술, 참기름 1/2큰술

만드는법

① 보리쌀과 멥쌀은 따로 씻어 불린다.

② 돼지고기는 0.4m두께로 포를 떠 은행크기로 썰어 돼지고기 양념을 한다.

③ 불린 톳은 깨끗이 씻어 먹기 좋게 썰어 양념을 한다.

④ 뚝배기에 불린 보리쌀과 멥쌀을 섞어 넣고 물을 넣고 밥을 안친다.

⑤ 끓으면 양념한 돼지고기를 넣고 한번 뒤적여준다.

⑥ 거의 밥이 되었을 때 양념한 톳을 넣고 5분정도 둔 후 불을 끄고 푹 뜸을 드린다.

⑦ 양념장을 만들어 곁들여낸다.

 tip -

- 톳은 다른 식품에 비해 무기질이 풍부한데, 특히 철분이 많아 빈혈증세에 효과적이며 칼슘, 칼륨도 풍부해 혈압이 높은 사람에게 도움이 된다.
- 적은 돈으로 큰 효과를 얻을 수 있다.
- 뚝배기 뚜껑을 여는 순간 구수한 냄새가 코끝을 즐겁게 한다.
- 돼지고기 대신 조개류나 새우, 전복을 넣어도 좋다.
- 특히 제주도 톳이 부드러워 톳밥에는 제주도 톳을 사용하는 것이 좋다.

수란

재료

- 잣물 : 잣 1/2컵, 생수 1+1/2컵, 설탕 1큰술
- 전복 1마리
- 생해삼 50g(식초 1~2방울)
- 문어 40g
- 게살 20g
- 쑥갓, 석이버섯 약간씩(녹말 약간)
- 달걀 2개(연한소금물 적당량)
- 배 50g
- 식초 1큰술
- 집간장 1작은술
- 소금 약간

만드는 법

1. 잣은 고깔을 떼고 살짝 씻어 맷돌에 생수를 부어가며 설탕과 같이 곱게 갈아 체에 밭친 후 냉장고에서 차게 시킨다.

2. 전복은 깨끗이 손질하여 쪄서 얇게 저민다.

3. 해삼은 손질한 후 식초 1~2방울을 넣고 담갔다가 얇게 저민다.

4. 문어는 박박 문질러 씻어 쪄서 같은 방법으로 썬다.

5. 게살도 가늘게 찢어서 준비한다.

6. 쑥갓은 녹말을 무쳐 끓는 물에 넣었다 얼른 건져 찬물에 담갔다 채반에 꺼낸다.

7. 석이버섯은 손질하여 골패모양으로 썰어 녹말을 묻혀 끓는 물에 얼른 넣었다 꺼내 찬물에 담갔다 채반에 밭친다.

8. 신선한 달걀을 준비하여 끓는 소금물에 반숙한다.(이때 달걀 모양을 살려 흰자가 노른자를 살며시 감싸도록 한다.)

9. 배는 약간 굵은 채로 썬다.

10. 잣물에 식초, 집간장, 소금으로 간한다.

11. 그릇에 색스럽게 담아 잣물을 옆으로 살며시 부어준다

✿ tip

- 4인이나 6인 기준으로 큰볼에 담아 개인 그릇에 떠먹는데 이때 반숙한 달걀을 4등분한다.
- 모든 재료는 차게 하고 잣물은 약간 살얼음이 끼는 게 좋다.
- 경주 최부잣집 음식으로 고급 재료를 쓰기 때문에 경주 최부자집이 아니면 먹을 수 없는 귀한 요리이다.
- 황국화잎이나 석류알을 띄워 내면 더욱 멋스럽다.
- 문어나 낙지는 소금으로 문질러 씻으면 질겨지므로 바구니에서 박박 문질러 씻어주는 것이 좋다.

5장

우리집만의 특별식

제주도는 섬이고 기후가 따뜻하기 때문에 사철 푸른 채소가 있고, 싱싱한 생선류가 있어 양념을 별로 하지 않고 원재료 그대로의 맛을 살린다. 또한 언제나 싱싱하게 먹을 수 있기 때문에 발효음식이나 장 아찌류가 그리 많지 않다.

제주도는 된장을 많이 이용하여 음식을 하는데 나물을 무칠 때에도, 국을 끓일 때에도 된장을 많이 사 용하며 이것저것 넣은 찌개류를 좋아하지 않고 깔끔한 국 종류를 좋아한다.

제주도에는 논이 없어 잡곡을 많이 먹어 엿을 고을 때에도 차조나 메조를 이용하였다. 엿은 보양식으로 먹었으나 특히 쇠꼬리엿은 우리 어머니만이 하실 수 있는 음식이다.

참치 강된장·양하장아찌

참치 강된장

재료

- 애호박 100g
- 양파 100g
- 새송이버섯 50g
- 건표고버섯 10g
- 청양고추 2개
- 청고추 2개
- 홍고추 1개
- 대파 1/2개
- 참치캔 1통
- 멸치육수 1컵
- 집된장 2큰술
- 고추장 1작은술
- 다진마늘 1큰술

만드는법

① 애호박과 양파는 깨끗이 손질하여 1.5×1.5㎝ 정방향으로 썰고 새송이버섯도 같은 크기로 썬다.

② 표고버섯은 물에 불려 씻어 같은 크기로 썬다.

③ 고추는 모두 송송 썬다.　④ 대파는 껍질을 벗겨 씻어 같은 크기로 썬다.

⑤ 참치캔은 기름을 따라내고 먹기 좋게 뚝뚝 자른다.　⑥ 돌냄비에 멸치육수를 붓고 된장, 고추장을 푼다.

⑦ 돌냄비를 불에 올려 썰어놓은 애호박, 양파, 버섯, 참치를 넣고 끓여 채소가 거의 익으면 다진마늘, 고추, 파를 넣고 끓인다.

tip

- 조개, 홍합을 넣어 끓이면 더욱 맛이 좋다.
- 짜지 않고 슴슴하게 끓이기 때문에 밥에 비벼 먹으면 좋다.
- 집된장이 짤 경우 미소된장을 섞으면 좋다.

양하장아찌

재료

- 양하 1kg
- 양념장 : 물 2컵, 간장 2컵, 설탕 1컵, 식초 1/2컵

만드는법

① 양하는 씻어 겉잎을 떼어내고 물기 없게 면보로 닦아낸다.

② 항아리에 차곡차곡 담는다.　③ 양념장을 끓여 식힌 후 부어준다.

④ 양하가 위로 떠오르지 않게 돌로 꼭 눌러 서늘한 곳에서 보관한다.

⑤ 5일 후 양념장을 다시 끓여 부어주고 다시 5일 후 또 다시 끓여 부어준다.

⑥ 한 달 정도 두었다 먹는다.

tip

- 양하는 음력 7월 중순부터 추석 전까지 잠깐 사이에만 나온다.
- 향이 좋으며 고기와 같이 곁들여 먹으면 좋다.
- 생물로 보관이 힘드니 구입하는 즉시 바로 장아찌를 만들어야 한다.

우럭 콩조림 · 자리돔조림

우럭 콩조림

재료

- 우럭 300g
- 메주콩 40g
- 고운고춧가루 1/2큰술
- 물엿 1큰술
- 양념장 : 고춧가루 1/2큰술, 물엿 1큰술, 다진마늘 1큰술, 멸치육수 1+1/2컵, 마늘장아찌간장 2큰술, 진간장 2+1/2큰술, 식용유 1작은술, 설탕 1큰술

만드는법

1. 우럭은 살이 탱탱하고 싱싱한 것으로 준비하여 비늘과 지느러미를 제거하고 내장과 아가미를 빼낸다.
2. 메주콩은 씻어 30분 정도 불린다.
3. 냄비에 손질한 우럭과 콩을 넣고 양념장을 부어준다.
4. 센 불에서 끓으면 약한 불에서 국물을 끼얹어가며 1시간 정도 졸인다.
5. 국물이 거의 졸았을 때 고춧가루와 물엿을 넣고 윤기 나게 졸여준다.

tip
- 콩을 넣어줌으로써 비린내도 제거할 수 있고 단백질을 보충해 준다.
- 매운맛을 내려면 청양고추를 넣어준다.

자리돔조림

재료

- 자리돔 300g
- 연한소금물 적당량
- 조림장 : 간장 4큰술, 고운고춧가루 1/2큰술, 식용유 1큰술, 생강즙 1/2큰술, 식초 1/2큰술, 멸치육수 1+1/2컵, 설탕 1/2큰술, 물엿 1큰술

만드는법

1. 자리돔은 중간 크기의 싱싱한 것으로 준비하여 연한소금물에 얼른 헹궈 체에 건진다.
2. 바닥이 두꺼운 냄비에 자리돔을 차곡차곡 넣고 준비한 조림장을 자리돔 위에 골고루 붓는다.
3. 센 불에서 자리돔이 끓기 시작하면 약한 불에서 1~1시간 10분 정도 졸인다. (이렇게 졸여진 자리돔은 가시까지 모두 먹을 수 있다.)

tip
- 약한 불에 오래 조려야 가시가 부드럽기 때문에 타지 않도록 주의하여야 한다.
- 뼈째 먹을 수 있어 칼슘섭취에 좋다.
- 자리돔은 제주도에서만 잡히는 생선으로 작은 붕어처럼 생겼다.
- 자리돔 젓갈은 구수하고 맛이 좋다.
- 제주도의 자리돔 물회는 유명하다.

대합 미역국 · 톳 무침

대합미역국

재료

- 대합 2~3마리 (연한 소금물 : 물 1컵+소금 1작은술)
- 다진마늘 1큰술
- 멸치육수 5컵
- 국간장 1/2큰술
- 건미역 25g
- 액젓 1/2큰술
- 참기름 1큰술
- 소금 약간

만드는 법

❶ 대합은 끓는 물에 넣었다 꺼내 속살을 빼낸다.

❷ 대합의 내장을 빼고 연한 소금물에 깨끗이 씻어 잘잘하게 썰어준다.

❸ 미역은 깨끗이 빨아 먹기 좋게 썬다.

❹ 냄비에 참기름을 두르고 다진마늘, 대합을 넣어 볶다가 미역을 넣고 볶는다. 멸치육수를 넣고 푹 끓여 국간장, 액젓 소금으로 간을 맞춘다.

tip
- 쇠고기 미역국보다 맛있다하여 즐겨 끓여먹는다.
- 한번에 많이 끓여 데워 먹어도 맛있다.

톳 무침

재료

- 마른톳 50g
- 양파 50g
- 청고추 2개
- 양념장 : 된장 1+1/2큰술, 고추장 1+1/2큰술, 다진마늘 1큰술, 다진파 2큰술, 설탕 1+1/2큰술, 식초 1+1/2큰술, 통깨 1큰술, 참기름 1/2큰술

만드는 법

❶ 마른톳은 이물질을 제거한 후 물에 불려 여러 번 깨끗이 씻어 건진다.

❷ 양파는 고운 채 썰고 청고추는 어슷 썬다.

❸ 양념재료를 모두 혼합하여 양념장을 만든다.

❹ 톳은 먹기 좋게 썰어 양념장에 골고루 버무린 후 양파와 청고추를 넣어 잘 버무려준다.

tip
- 톳은 제주도 톳이 부드럽다.
- 여름에 톳 냉국은 별미다.

돼지고기엿

재료

- 차좁쌀 1.6kg
- 엿질금가루 700g
- 물 6ℓ
- 돼지고기 600g
- 향신채 : 양파(소) 1/2개, 파 1/3대, 생강 1톨
- 된장 1/2큰술

만드는 법

① 차좁쌀은 깨끗이 씻어 일어 건진다.

② 조밥을 아주 질게 짓는다.

③ 엿질금 가루에 분량의 물을 부어 잘 섞어 불린 후 체에 밭친다.

④ 그릇에 밥을 담고 따뜻할 때 엿질금 물을 넣고 골고루 섞어 준다.

⑤ 기온에 따라 1~2시간 후 밥알이 삭으면 잘 주물러 체에 물을 밭쳐 물기를 뺀 후 솥에 넣고 끓이다가 중불에서 끓인다.

⑥ 돼지고기는 향신채와 된장을 넣고 반 정도 익으면 건져 얼른 물에 헹군 후 끓고 있는 엿질금 솥에 넣고 익힌 다음 꺼내서 잘게 찢어준다.

⑦ 엿질금물이 1/2정도 졸았을 때 찢어놓은 고기를 넣고 5~6시간 약한 불에서 떠먹기 좋은 농도가 될 때까지 조린다.

 tip --

- 제주도에서는 돼지고기엿을 보양식으로 가정에서 많이 고아먹었다. 껍질이 쫄깃쫄깃하여 씹는 질감이 참 좋다.
- 엿을 생각하면 어머니의 지극한 자식 사랑에 가슴이 뜨거워진다.
- 쌀이 부족한 제주도에서는 좁쌀을 많이 이용하였다.

닭고기엿

재 료

- 닭(노계) 1마리
- 차조 3kg
- 엿질금 가루 2kg
- 물 6ℓ
- 향신채 : 마늘 1통, 양파(小) 1개, 대파 1대, 무 1쪽

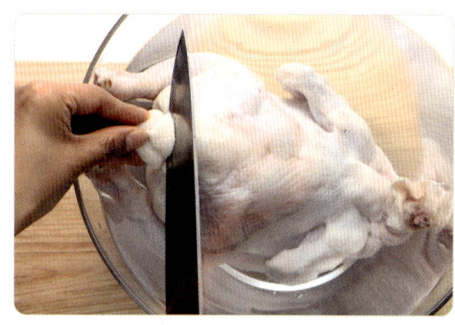

만드는법

① 닭은 깨끗이 씻어 꼬리와 내장을 빼고 물 4ℓ 와 향신채를 넣고 삶아 건져 살을 발라내고 뼈는 더 푹 고운 다음 면보에 받쳐 기름기를 제거한다.

② 차조는 씻어 아주 질게 밥을 짓는다.

③ 밥을 큰 그릇에 퍼 담고 따뜻할 때 닭 삶은 물과 나머지 2ℓ의 물을 넣고 엿질금가루를 넣어 골고루 섞는다.

④ 기온에 따라 1~2시간 후 밥알이 삭으면 주물러 면보에 국물을 받친다.

⑤ 밑바닥이 두꺼운 솥에 엿질금물을 붓고 센 불에서 끓으면 중간 불로 줄여 서서히 끓이면서 닭고기를 찢어 넣고 다시 약한 불로 줄여 4~5시간 졸인다. 닭고기가 쫄깃쫄깃 하고 엿물이 수저로 떴을 때 흘러내리지 않는 농도가 되면 불을 끈다.

⑥ 식으면 백항아리에 담아 먹는다.

※ tip --

- 몸에 좋은 보약이면서 간식으로 좋다.
- 꿩엿도 같은 방법으로 어머니가 하셨다.
- 어머니가 워낙 많이 해주셔서 그 맛을 잊을 수가 없다. 엿을 생각하면 어머니의 그리움에 눈물이 핑 돈다.
- **주의사항**
  - 쌀보다 차조는 빨리 삭기 때문에 시어지지 않게 시간 조절을 잘 해야 한다.
  - 눌지 않게 잘 저어줘야 한다.

무엿

- 차조 3kg
- 엿질금 가루 2kg
- 물 6ℓ
- 가을 무 4kg

만드는법

① 차조는 씻어 아주 질게 밥을 짓는다.

② 큰 그릇에 밥이 따뜻할 때 물과 엿질금가루를 넣고 고루 섞어준다.

③ 1~2시간 후 밥이 삭으면 잘 주물러 면보에 깨끗이 밭친다.

④ 밑바닥이 두꺼운 솥에 엿질금물을 붓고 센 불, 중간 불, 약한 불에 눋지 않게 저어가며 졸인다.

⑤ 무는 깨끗이 씻어 굵은채 썰어 엿물이 2/3정도 졸여졌을 때 솥에 넣고 1~2시간 쫄깃거리게 졸인다.

⑥ 백항리에 담아 먹을 만큼씩 사기그릇에 떠서 새벽이슬에 맞춰 먹는다.

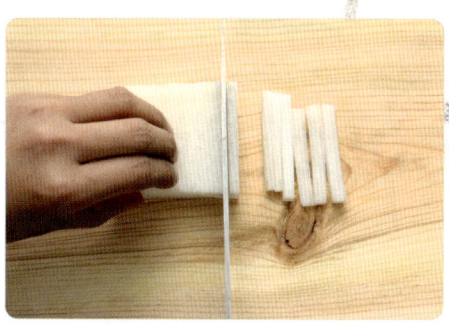

tip

- 백일해 기침을 했던 나에게 무엿을 만들어 새벽이슬에 맞춰 먹으면 기침이 없어진다 하여 열심히 해주셨다.
- 닭엿이나 쇠꼬리엿, 돼지고기엿처럼 맛있지 않았기 때문에 억지로 먹었던 기억이 새롭다.
- 고명 딸이라 어렸을 때 많이 약했기 때문에 부모님 사랑과 정성을 듬뿍 받고 자랐다.

쇠꼬리엿

재 료

- 쇠꼬리 3kg (향신채 : 양파 1/2개, 대파 1뿌리, 생강 1쪽)
- 차좁쌀 1.6kg
- 엿질금가루 700g
- 물 2ℓ
- 쇠꼬리국물 : 물 6ℓ (향신채: 생강 1쪽, 양파 1/2개, 통마늘 10알,
  대파 1뿌리, 통후춧가루 1작은술)

만드는법

① 쇠꼬리를 준비하여 찬물에 담가 5~6시간 물을 바꾸며 핏물을 뺀다.

② 끓는 물에 향신채를 넣고 쇠꼬리를 넣어 데쳐 흐르는 물에 씻어 낸다.

③ 큰솥에 물 6ℓ 중 4ℓ를 넣고 끓으면 데친 쇠꼬리와 향신채를 넣고 센 불, 중간 불, 약한 불로 조정하며 고기가 물러지게 끓인다. 이때 나머지 2ℓ의 물을 보충하면서 푹 끓여 고기를 건져내어 살과 뼈를 분리하여 적당히 썰어준다.

④ 거즈에 쇠꼬리 국물을 밭쳐 기름기를 제거하여 식힌다.

⑤ 차좁쌀은 질척하게 밥을 짓는다.

⑥ 엿질금가루는 물 2ℓ를 넣고 불렸다가 쇠꼬리국물을 넣고 주물러 엿질금을 빨아 깨끗이 밭친 다음 따뜻한 차조밥에 넣고 1시간 정도 두었다 삭았으면 주물러 국물을 거즈에 밭친다.

⑦ 두꺼운 솥에 밭친 국물을 넣고 눈지 않게 저으면서 센 불, 중간 불, 약한 불로 조정하며 약 8시간 정도 고와준다.

⑧ 거의 졸았을 때 고기를 넣고 저으면서 주걱에 엿이 연달아 올라오다 끊어질 때 불을 끈다.

tip --

- 쇠꼬리 엿은 우리 어머니만이 할 수 있는 유일한 보양식이다. 외동딸로 태어나 병약하여 부모님께서 최고의 보양식을 만들어 주시고 유난히 사랑을 받아 부모님을 생각하면 눈시울이 뜨거워진다.
- 이제 부모님이 살아계셨으면 최고의 맛있는 음식을 만들어 드릴 수 있는데 살아계실 때 효도하지 못한 것 후회한들 무엇하리요.

익모초엿

재료

- 마른 익모초 2근
- 차조 3kg
- 엿질금 가루 2kg
- 물 8ℓ

만드는법

❶ 마른 익모초를 물에 얼른 헹궈 큰 솥에 물과 같이 넣고 푹 끓여 면보에 밭친다.

❷ 차조는 씻어 아주 질게 밥을 짓는다.

❸ 밥을 큰 그릇에 퍼 담고 따뜻할 때 익모초 달인 물과 엿질금 가루를 넣고 고루 섞어 1~2시간 후 밥알이 삭으면 주물러 면보에 깨끗이 밭친다.

❹ 밑바닥이 두꺼운 솥에 엿질금물을 넣고 눋지 않게 저으면서 센 불, 중불, 약불에서 6~7시간 졸여 수저로 떴을 때 주르륵 흐르지 않고 떨어지다가 끊어져 올라올 정도의 농도가 되면 불을 끈다.

❺ 식은 후 백항아리에 담아 수저로 떠먹는다.

❄ tip

- 생리통이 있는 나에게 5월 단오에 말려야 더 약효가 좋다고 해서 어머니가 잘 해주셨다.
- 맛이 쌉싸름 해서 안 먹겠다고 투정부린 생각에 지금도 어머니에게 미안한 마음을 지울 수가 없다.

빙떡

재 료

- 메밀가루 1컵 (100g)
- 반죽 : 달걀흰자 1/2개, 밀가루 1큰술, 참기름 1작은술, 물
  1~1+1/2컵, 소금 1작은술
- 속재료 : 쪽파 15g, 무 300g, 물 2컵, 설탕 1큰술, 소금
  1/3작은술, 참기름 1/2큰술, 깨소금 2/3큰술

만드는법

① 메밀가루와 반죽 재료를 혼합하여 끈기가 날 정
　도로 오래 쳐서 반죽한다.

② 쪽파는 가운데 부분으로 송송 썰어 파랗게 데치고
　무는 고운채로 썰어 끓는 물에 설탕, 소금을 넣고
　무채를 넣어 데치는 것보다 조금 더 삶아 채반에
　물기를 빼준다.

③ 데친 쪽파와 무채를 고루 섞어 참기름, 깨소금으로
　양념한다.

④ 따끈한 팬에 식용유를 살짝 바르고 반죽을 작은
　국자로 떠 넣어 동그랗게 펴준다.

⑤ 지져낸 전병에 속재료를 넣고 말아낸다.

 tip --

- 메밀반죽을 할 때는 오래 쳐주어야 전병이 터지지 않는다.
- 가을철 무는 설탕을 안 넣어도 맛있다.
- 아주 단백하며 피를 맑게 하고 고혈압, 다이어트에 효과적이다.
- 메밀가루는 귤이나 엿질금가루 곁에 두면 삭는다.

명태껍질쌈밥

재료

- 불린 명태껍질 약 50장 (밑간 : 참기름, 소금 약간씩)
- 찹쌀 1컵
- 기장쌀 1큰술
- 진간장 1작은술
- 소금 약간
- 삶은 배추 30g
- 깐 양파 100g
- 깐 대파 30g
- 식용유 2큰술
- 명란젓 알 1/2~1개
- 달걀흰자 1개
- 양념간장 : 양파 30g, 청양 1개, 고추씨 1작은술, 굵은 고춧가루 1큰술, 진간장 1큰술

만드는법

① 명태껍질은 10×8㎝크기로 잘라 물에 담가 충분히 불린 후 껍질에 붙은 살을 손으로 뜯어내어 깨끗이 손질하여 물기를 뺀다.

② 찹쌀은 씻어 10시간 충분히 불려 건진 후 씻은 기장쌀을 섞어 진간장, 소금으로 밑간하여 고슬고슬 찐다.

③ 배추, 양파, 대파는 아주 곱게 다진다.

④ 찐밥 위에 다진배추, 양파, 대파를 얹고 따끈한 식용유를 끼얹어 채소의 향이 우러나게 한 다음 명란젓 알을 넣고 골고루 섞는다.

⑤ 손질한 명태껍질에 참기름, 소금으로 밑간하여 반듯하게 편 후 찐밥을 1/2큰술 정도 넣고 껍질로 싸서 달걀흰자로 끝부분을 부쳐준다.

⑥ 쌈밥을 찜통에서 15분 정도 찐다.

⑦ 양념간장을 만들어 곁들여 낸다.

✳ tip

- 명태껍질이 터지지 않도록 접시로 덮어 찌는 것이 좋다.
- 칼칼한 맛을 원할 때는 청량고추를 다져넣으면 좋다.
- 명태껍질의 쫄깃한 맛과 찹쌀이 잘 어우러져 별미이다.

더덕김치

재료

- 더덕 1kg
- 쪽파 30g
- 무 100g
- 깐밤 5개
- 양념 : 고춧가루 1/2컵, 멸치액젓 1/2컵, 다진마늘 1큰술, 다진생강 1작은술, 배즙 1/2컵, 설탕 1작은술, 소금 약간
- 멸치육수 1컵, 소금 1/2큰술
- 고명 : 잣 1큰술, 볶은 흑임자 1큰술

만드는 법

❶ 더덕은 싱싱한 것으로 준비하여 껍질을 벗겨 살 살 두드리거나 밀대로 밀어 반으로 편다.

❷ 쪽파는 씻어 2㎝길이로 썰고, 양념을 혼합하여 만 든다.

❸ 무는 씻어 쪽파와 같은 길이의 고운채로 썰고 밤 도 고운채로 썬다.

❹ 양념에 쪽파, 무채, 밤채를 넣어 혼합한다.

❺ 더덕에 양념을 골고루 펴 바르고 잣, 흑임자를 약 간씩 뿌려 차곡차곡 용기에 담는다.

❻ 양념그릇을 멸치육수로 헹궈 소금을 넣고 소금이 녹으면 살며시 부어 꼭꼭 눌러준다.

❼ 바로 먹을 수도 있고, 숙성 시켜 먹어도 좋다.

 tip -

- 아삭아삭 씹히는 맛과 더덕향이 좋다.
- 더덕은 껍질을 벗긴 후 냉동 했다가 녹여 두들기는 게 훨씬 쉽고 부서지지 않는다.

더덕백김치

재료

- **더덕** 1kg (밑간 : 소금 1작은술, 배즙 3큰술)
- **국물** : 생수 3컵, 배 1/4쪽, 무 60g, 더덕 30g, 양파 60g, 소금 1큰술, 설탕 1큰술
- **속재료** : 배 1/2개, 밤 4개, 대추 4개, 잣 1작은술, 석이버섯 3장, 소금 약간

만드는 법

❶ 더덕은 싱싱한 것으로 준비하여 씻어 껍질을 벗기고 냉동시킨 다음, 녹여 살살 두들겨 펴 준다.

❷ 손질한 더덕을 밑간한다.

❸ 국물재료를 믹서기에 갈아 면보에 꼭 짜서 김치 국물을 만든다.

❹ 배는 껍질을 벗겨 2.5㎝길이로 약간 굵은 채 썬다.

❺ 밤은 껍질을 벗겨 고운 채 썰고, 대추는 씨를 발라내고 고운 채 썬다.

❻ 석이버섯은 물에 불려 비벼 씻어 돌돌 말아 고운 채 썬다.

❼ 준비된 속재료를 합하여 소금을 약간 넣고 살살 섞는다.

❽ 더덕을 하나하나 펴고 속을 넣어 길이로 반을 접어준다.

❾ 용기에 차곡차곡 담아 국물을 살며시 부어 돌로 눌러준다.

❋ tip

- 바로 먹을 수도 있고, 1~2일 숙성시켰다가 먹어도 좋다. 고급스러우며 더덕의 향을 그대로 살릴 수 있다.
- 먹을 때에는 더덕을 먹기 좋게 잘라 국물을 붓고 1인분씩 담아내는 것이 좋다.

양배추
포기김치

재료

- 양배추 2kg
- 소금 2/3컵~1컵
- 물 2ℓ
- **양념** : 건고추 50g, 사과 200g, 양파 200g, 마늘 100g, 생강 20g, 고운고춧가루 50g, 묽은 밀가루풀 1컵 (물 1컵+ 밀가루 1큰술), 액젓 4큰술, 설탕 1큰술, 소금 1큰술
- **김치속** : 무 300g (고운고춧가루, 설탕 약간씩), 부추 150g

만드는 법

① 양배추는 겉잎을 떼고 밑둥을 도려낸 후 반으로 갈라준다.

② 소금을 푼 물에 6~7시간 담근다.

③ 절여진 잎을 하나씩 떼어내 씻어 건진다.

④ 건고추는 물에 담가 불려 사과, 양파, 마늘, 생강을 같이 넣고 믹서기에 간 후 나머지 양념재료를 모두 혼합한다.

⑤ 무는 채 썰어 고운고춧가루, 설탕을 약간 넣어 고춧물을 드리고 부추는 3㎝길이로 썬다.

⑥ 준비된 무와 부추에 양념을 혼합하여 김치속을 만든다.

⑦ 양배추 잎을 펴고 양념 바르고, 또 한 잎 펴고 3장 정도 같은 방법으로 양념을 넣어 동그랗게 말아 김치통에 꼭꼭 눌러 담는다.

⑧ 김치 버무린 그릇에 물 1/2컵 정도와 소금 약간을 넣고 그릇을 헹궈 통 옆으로 부어 꼭꼭 눌러준다.

❈ **tip** -

- 잎사귀 두꺼운 줄기부분은 도려내는 것이 좋다. 여름에 담아 먹으면 좋으며 양배추는 크지 않은 것이 부드럽고 아삭거린다.
- 여름이 되면 어머니가 늘상 담아주셨다.

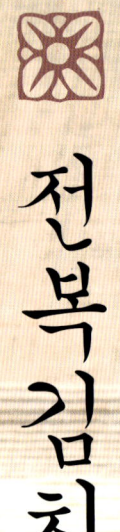

전복김치

재료

- 전복 4마리 (500g) (밑간 : 생강즙 1작은술, 소금 1작은술, 액젓 1작은술)
- 국물 : 끓여 식힌 물 1/2컵, 배즙 2큰술, 무즙 5큰술, 양파즙 1/2큰술, 소금 2/3작은술
- 미나리 4~5줄기
- 밤채 1큰술
- 배채 1큰술
- 대추채 1큰술
- 청고추채 1큰술
- 유자채(귤채) 1큰술
- 유자 1/4개
- 마늘편 2~3쪽
- 홍고추 1개
- 청각 1톨

만드는 법

① 전복은 솔로 씻어 살만 준비한 후 칼집을 어슷하게 4군데 넣어 살짝 데쳐낸 후 밑간에 재워 하루를 실온에서 삭힌다.

② 삭힌 국물을 받쳐두고 국물재료와 혼합하여 국물을 만든다.

③ 미나리줄기는 씻어 다른 재료와 같은 크기로 썬다.

④ 밤채와 배채는 섞고 대추채, 청고추채, 유자채(귤채)를 전복 칼집 사이에 각각 넣어준다.

⑤ 유자는 마늘 크기로 썰고, 홍고추는 씨를 빼고 어슷하게 썬다. 청각은 불려 씻어 물기를 꼭 짠다.

⑥ 그릇에 전복을 담고 국물을 부어준 후 준비된 ⑤와 마늘편은 띄워 실온에서 익혀 차게 먹는다.

tip
- 전복은 살짝 데쳤기 때문에 미끈거리지 않는다.
- 많은 양을 담는 것 보다는 별미로 담아 먹는 것이 좋다.

전복 맑은 탕

재료

- 전복 3마리 (360g)
- 생강즙 1/2작은술
- 자연송이 (양송이) 3개
- 대파 1/2대
- 홍고추 1개
- 쑥갓 2대
- 육수 : 쇠고기 양지 200g, 대파 1/2대, 통후추 5알, 물 5컵
- 국간장, 소금 적당량

만드는법

① 쇠고기는 핏물을 빼고 대파, 통후추를 넣고 끓여 거즈에 밭쳐 육수를 만든다.

② 전복은 껍데기와 살을 분리하여 내장을 제거하고 솔로 깨끗이 닦아준 후 길게 칼집을 3~4군데 넣는다.

③ 자연송이는 너무 많이 피지 않은 작은 것으로 준비하여 껍질을 살살 긁어 불순물을 제거하고 깨끗이 닦아 얄팍얄팍 썬다.

④ 전복은 너무 끓지 않는 물에 생강즙을 넣고 데쳐 4~5등분 저미듯 어슷 썬다.

⑤ 대파는 씻어 어슷 썰고 홍고추는 씨를 빼고 어슷 썬다.

⑥ 쑥갓은 씻어 3~4잎사귀씩 떼어 둔다.

⑦ 냄비에 육수를 넣고 끓을 때 국간장, 소금으로 간을 하고 송이, 전복, 고추, 파를 넣고 끓으면 쑥갓 잎을 띄워낸다.

❋ tip

- 전복을 참기름에 살짝 볶아주면 맛이 있다. 그러나 기름이 뜨지 않도록 주의하여야 한다.
- 전복은 오래 끓이면 질겨지므로 주의한다.
- 미나리 초대, 황백지단을 골패모양으로 썰어 띄우면 더 고급스럽다.

몸국 (모자반국)

재료

돼지등뼈 1kg
- 생강(가식분) 10g
- 물 8컵

말린 몸 150g
- 고기양념 : 다진마늘 2큰술, 집간장 1+1/2큰술,
  된장 1+1/2큰술, 소금 1/2큰술
- 생강(가식분) 15g
- 물 20컵
- 집간장, 소금 약간씩
- 메밀가루즙 : 메밀가루 2큰술 +물 5큰술

만드는법

❶ 돼지등뼈는 살이 붙어 있는 선도가 좋은 것으로 준
비하여 2시간 정도 핏물을 뺀다.

❷ 솥에 분량의 물을 넣고 껍질 벗긴 생강을 편으로 썰
어 물이 끓을 때 핏물 뺀 돼지등뼈를 넣고 2~3분 끓
여 데쳐 내어 물에 얼른 헹군다.

❸ 말린 몸은 미역 빨듯이 깨끗이 빨아 물기를 제거한다.

❹ 솥에 분량의 물과 생강을 넣고 끓을 때 데친 돼지등
뼈를 넣고 센 불, 중간 불, 약한 불에서 1~2시간 정
도 푹 끓여 등뼈는 건져 내고 국물은 면보에 바치고
뼈는 살을 발라내 고기양념한다.

❺ 솥에 삶은 물과 고기를 넣고 끓을 때 빨아놓은 몸
을 넣고 20~30분 정도 끓여 집간장과 소금으로 간
을 맞추고 메밀가루즙을 살며시 뿌린 후 살짝 끓여
낸다.

❊ tip

- 몸국은 '모자반국'의 사투리인데 제주에서는 큰일을 치를 때 빼놓
  지 않고 준비하는 음식이다. '몸'은 보통 모자반이라 불리는 가지
  가 많은 해조류로 지방질, 칼슘을 많이 함유하고 있고, 바닷가 바위
  틈에서 많이 자라며 연한 것을 채취하여 식용으로 이용한다.
- 몸국은 돼지고기나 돼지뼈를 삶은 국물에 돼지의 내장과 말려두었
  던 몸을 빨아 넣어 끓인 국이며 돼지고기의 텁텁한 맛을 없애 주어
  돼지고기를 그리 좋아하지 않는 사람도 맛있게 먹을 수 있는 음식
  이다. '몰망국'이라 부르기도 하며 식성에 맞게 신 김치나 고춧가
  루, 후춧가루 등을 넣어 먹는다. 뜨거울 때에 먹어야 맛이 좋다.
- 제주도에서는 잔치집에서 전날, 초상집에서는 일포날 돼지를 잡아
  삶아낸 국물에 몸, 배추, 무, 무청 등을 넣고 가마솥에서 돼지내장
  과 함께 끓여 손님들에게 대접한다. 국 보다는 탕처럼 건더기가 많
  은 편이다.

김매순의 솜씨와 멋

초판 1쇄 인쇄 | 2010년 9월 3일
초판 2쇄 발행 | 2010년 11월 10일

지은이 | 김매순, 문혜영
사 진 | 홍상돈
펴낸이 | 김남석

편 집 | 황병욱
편집 이사 | 김정옥
전 무 | 정만성

펴낸곳 | (주)대원사
주 소 | 140-901 서울시 용산구 후암동 358-17
전 화 | 02. 757. 6717(대)
팩 스 | 02. 775. 8043
등록번호 | 등록 제3-191호
홈페이지 | www.daewonsa.co.kr

ⓒ 2010, 김매순 문혜영

Daewonsa Publishing Co., , Ltd
Printed in Korea

ISBN | 978-89-369-0802-7 13590